中央高校基本科研业务费专项资金资助项目（项目批准

U0610544

经济管理学术文库·经济类

资金担保链风险监测与防范机制研究：
基于复杂网络结构

Research on Risk Monitoring and
Prevention Mechanism of Capital Guarantee Chain:
Based on Complex Network Structure

李思呈／著

经济管理出版社
ECONOMY & MANAGEMENT PUBLISHING HOUSE

图书在版编目（CIP）数据

资金担保链风险监测与防范机制研究：基于复杂网络结构 / 李思呈著 . —北京：经济管理出版社，（2023.8重印）

ISBN 978-7-5096-8757-4

I.①资⋯ Ⅱ.①李⋯ Ⅲ.①金融风险防范—研究—中国 Ⅳ.①F832.1

中国版本图书馆 CIP 数据核字（2022）第 187546 号

组稿编辑：郭　飞
责任编辑：郭　飞
责任印制：黄章平
责任校对：董杉珊

出版发行：经济管理出版社
　　　　　（北京市海淀区北蜂窝 8 号中雅大厦 A 座 11 层 100038）
网　　址：www.E-mp.com.cn
电　　话：（010）51915602
印　　刷：北京厚诚则铭印刷科技有限公司
经　　销：新华书店
开　　本：720 mm × 1000 mm/16
印　　张：13
字　　数：234 千字
版　　次：2023 年 2 月第 1 版　2023 年 8 月第 2 次印刷
书　　号：ISBN 978-7-5096-8757-4
定　　价：88.00 元

前　言

自 2000 年以来，资金担保链风险一直是政府和企业较为关注的热点问题，其引发的"多米诺负面效应"，不仅危及地方金融生态，形成区域性金融风险，而且会跨区域传染，对我国经济造成巨大威胁。2017 年，全国金融工作会议进一步提到，要把主动防范化解系统性金融风险放在更加重要的位置，科学防范，早识别、早预警、早发现、早处置，着力防范化解重点领域风险。

担保网络风险已成为现代化经济体系中不可忽视的重大风险之一。在经济增长速度换挡期、结构调整阵痛期和前期刺激政策消化期"三期"叠加的背景下，企业资金链与担保链交互叠加形成的"两链"风险有所增加且呈现非线性累积态势。同时，随着担保网络范围的不断扩大，进一步加速了行业和区域系统性风险的演化进度。"两链"风险一旦爆发，将导致企业相互脱保，银行争相收贷，银企间信任度骤降，区域金融生态遭受破坏，对实体经济发展产生不利影响（刘淑春和林汉川，2017）。从全局出发，基于资金担保链交织而成的复杂网络结构，深入剖析担保网络所处的环境维、担保网络内企业的财务维、担保网络本身的结构维三维特征，以帮助建立针对性、适应性的风险防范机制无疑变得越来越迫切，对于未来中国遭受担保链传染性风险的预警和化解，无疑具有重要的理论及现实意义。

我们系统梳理了资金担保链风险相关理论文献，总结了资金担保链风险形成机理和风险预警的指标与模型。我们跳出复杂的数学模型和理论框架束缚，对 2008~2019 年中国资金担保链风险的整体情况进行了系统的统计与监测分析，提出了资金担保链核心企业与关键链路识别方法，构建了改进之后的资金担保链风险传染模型。然后，我们基于监测与仿真结果提出了资金链、担保链"两链"风险的防控对策，以供决策部门参考。考虑到中国资本市场发展在金融风险防范中的重要性以及数据的公开性和可获得性，我们以中国上市公司为出发点，通过 CSMAR 数据库的基础数据，对 2008~2019 年中国上市公司各省份资金担保链数据进行系统整理。本书所统计和监测的资金担保链仅仅是现实情况的冰山一角，但是本书中大量的数据样本依然能够反映一定规律性内容。具体地，我们从资金担保链的担保期限、担保金额、网络结构、核心企业、关键链路和典型个案给出资金担保链监测的一个系统框架，并基于这一框架，提出中国上市公司资金担保链的核心企业和关键链路识别算法。需要特别说明的是，本书中所述的核心企业和关键链路，并不意味着某个企业或者某个担保关系具有重大风险；与之相反，经过我们的对比分析发现，很多核心企业在大部分传统财务表现上往往优于资金担保链中的非核心企业。这一发现也十分契合当前中国关系型社会的现实。在地方上，优秀的上市公司更容易发挥龙头作用，带动当地或者与之有关联的中小企业向前发展。因此，这些公司能够在资金担保链中占据核心位置。"居安思危，思则有备，有备无患。"识别核心企业和关键链路的作用主要在于监测资金担保链的财务健康状况，因为核心企业和关键链路的健康稳定直接关系到资金担保链的稳健运行。

本书的主要内容可以分为四大部分，主要研究思路如下图所示。

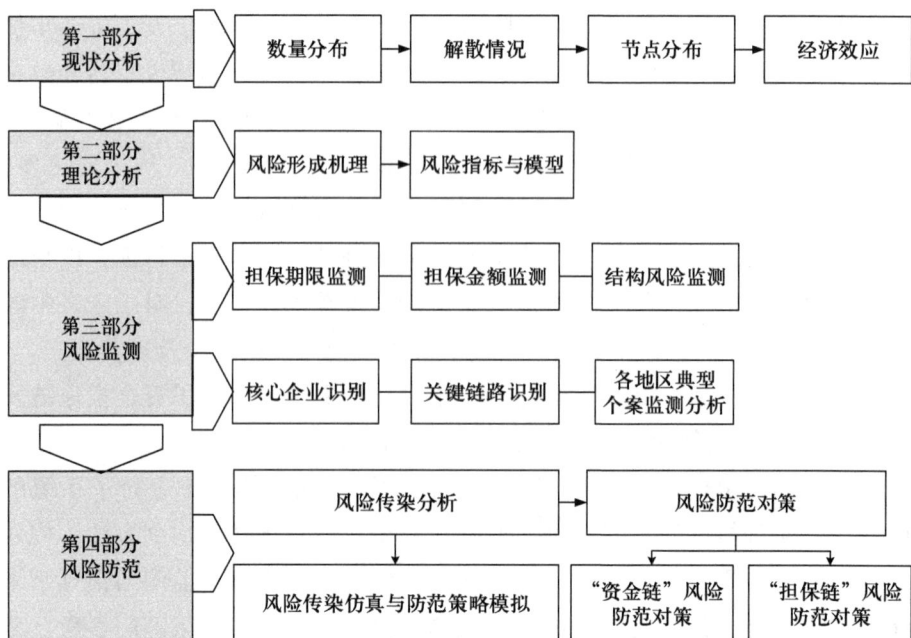

第 1 章为第一部分，旨在介绍资金担保链的基本情况。介绍了中国 2008~2019 年资金担保链的地理区域分布、省份分布，基于资金担保链的跨省传染风险，本书特别对资金担保链中存在跨省企业的部分进行了统计。此外，还对资金担保链中节点的地理区域分布、省份分布和企业性质分布情况进行了统计。

第 2 章和第 3 章为第二部分，主要介绍资金担保链风险管理的相关理论。第一，从担保链、资金链的"两链"风险维度归纳了资金担保链风险的形成机理。同时，鉴于资金担保链属于金融网络的一种特例，金融网络风险的形成机理也能够部分解释资金担保链风险的形成动因。因此，本书也对金融网络风险形成机理相关研究进行了梳理。第二，从指标和模型两个方面，分别归纳了资金担保链和金融网络的风险预警体系。

第 4 章至第 8 章为第三部分，主要进行资金担保链的风险监测分析。其中，第 4 章对 2014~2019 年资金担保链被担保企业、2008~2019 年资金担保链担保企业的担保期限和担保金额进行了统计与监测，分别从基本情况分析、时间趋势分析、空间差异分析等角度对该问题展开研究。第 5 章是资金担保链的结构风险监测。在对复杂网络结构特征进行系统梳理的基础上，本书从平均最短路径长度、平均聚类系数两个方面进行了资金担保链网络结构特征监测，并分析了网络节点结构特征的总体情况和组间差异。第 6 章和第 7 章是资金担保链风险的防控对象监测。主要围绕资金担保链的核心企业和关键链路进行统计监测研究。在这两章中，我们构建了资金担保链核心企业和关键链路的识别指标，设计了关键链路的识别方法，并对核心企业和关键链路的特征进行了分析。第 8 章是典型个案风险监测。本章分别对东北地区、华北地区、华东地区、华南地区、华中地区、西北地区、西南地区的典型资金担保链进行监测分析，对各地区典型资金担保链进行横向对比。

第 9 章和第 10 章为第四部分，是资金担保链风险的传染与防控。第一，基于有向网络构建改进的 SIRS 模型，根据真实链路风险传染仿真，从银政企防控策略组合的视角，模拟了风险传染的防范策略。第二，提出了"两链"风险的具体防控对策。

本书的研究系统设计与写作由李思呈主持并担任项目组组长，罗乔升为副组长，负责本书的总体沟通与协调工作。本书初稿的提供者如下：前言和第 11 章由李思呈提供初稿，第 1 章、第 2 章和第 7 章由罗乔升提供初稿，第 3 章、第 8 章和第 9 章由何汉提供初稿，第 4 章和第 10 章由张帅楠、李梦霞提供初稿，第 5 章由罗乔升、何汉提供初稿，第 6 章由刘骞普提供初稿。李思呈、罗乔升、何汉等完成了系统修改工作，最后由李思呈总纂统稿。

资金担保链这一领域的研究发展十分迅速，大量新的成果不断涌现，本书的写作目的在于为复杂网络视角下的资金担保链这一领域提供一个合理的自治框架和脉络，以便感兴趣的读者能够迅速有效地了解这一领域的现实状况。与此同时，本书又是一部防范资金担保链风险的实用手册，不仅可以作为银保监会等政府部门防范资金担保链风险的风险定位和监管手册，也可以为各地方商业银行控制不良贷款率提供数据指引，同时还可以作为中小企业和担保机构掌握自身在资金担保链的位置、防范担保链风险传染的参考书。

在此，我们要感谢很多在本书写作过程中给予支持和帮助的专家学者；感谢华中农业大学的支持与帮助；最后要感谢中央高校基本科研业务费专项资金资助项目（项目编号：2662022JGYJ009）的支持。

资金担保链是涉及国家金融安全的一个重要研究问题，怎样在复杂网络结构的全局视角下，构建资金担保链的风险防范机制更是一个全新的挑战课题。我们的研究仅起到一个抛砖引玉的作用，期待来自各方的批评指正，以便资金担保链风险防范机制的研究能得到不断的进步和完善，从而为我国重大风险防范工作贡献智慧和力量，我们愿为此不遗余力。

笔 者

2022 年 7 月

目　录

第1章　资金担保链的现状分析

信用担保作为一种增信方式被中国企业广泛应用。随着企业间的分工协作不断深入，越来越多的企业选择加入资金担保链以扩大融资规模。在这种趋势下，资金担保链也正朝着规模扩大化、地理区域扩张化、拓扑结构复杂化的方向发展。为了探究中国资金担保链的发展概况，我们收集了2008~2019年中国资金担保链的数据，并且对资金担保链的数量分布和节点分布进行了描述性统计。其中，非上市公司难以分辨其地区归属和公司性质，为了保持描述性统计的口径一致，我们剔除了非上市企业样本；由于金融业公司以金融业务为主，其担保情况与其他公司差异较大，为了避免极端值的影响，我们剔除了金融业公司。

我们将全国31个省份（不包含港澳台地区，下同）划分为华东地区、华南地区、华中地区、华北地区、西北地区、西南地区和东北地区，共七个地区。其中，华东地区包含山东、江苏、安徽、浙江、福建、上海；华南地区包含广东、广西、海南；华中地区包含湖北、湖南、河南、江西；华北地区包含北京、天津、河北、山西、内蒙古；西北地区包含宁夏、新疆、青海、陕西、甘肃；西南地区包含四川、云南、贵州、西藏、重庆；东北地区包含辽宁、吉林、黑龙江。

1.1　资金担保链数量分布

1.1.1　网络数量的地理区域分布

表1-1统计了全国及各地区网络数量的分布情况。从时间序列的纵向对比来看，在全国范围内，资金担保链的数量逐年增加，2008~2009年，由

325 个增加到 699 个，仅一年增长率就达 115.08%。之后年度，资金担保链的增长率有所放缓，但是依然高速增长，到 2019 年末，全国的资金担保链数量达 2278 个，已经是 2008 年资金担保链数量的 7 倍。在各地区范围内，我们依然可以发现各地区的资金担保链数量在不断增长。这表明，资金担保链的融资形式在全国范围内越来越流行，这种融资方式正处于不断发展中。从各地区范围的横向对比来看，每一年度，华东地区的资金担保链数量最多，并且是第二多地区的 2 倍以上。其次是华南地区和华北地区，而西北地区的数量最少。这也间接表明，经济发展状况良好的地区有更多的资金担保链，企业更多使用资金担保链的方式扩大融资规模。

表 1-1　全国及各地区网络数量分布　　　　　　　　　单位：个

年份	全国	华东地区	华南地区	华中地区	华北地区	西北地区	西南地区	东北地区
2008	325	147	43	32	43	25	20	15
2009	699	293	105	61	101	41	55	43
2010	836	347	128	74	125	46	68	48
2011	1001	429	148	92	140	52	82	58
2012	1157	487	183	108	168	56	93	62
2013	1273	539	208	113	187	62	98	66
2014	1410	594	239	124	210	70	101	72
2015	1611	667	292	144	242	76	109	81
2016	1798	749	328	160	265	84	123	89
2017	1972	831	359	178	281	89	136	98
2018	2152	945	397	190	282	91	145	102
2019	2278	1021	416	199	284	98	156	104

资料来源：根据国泰安数据库 2008~2019 年资料计算整理所得。

1.1.2　网络数量的省份分布

表 1-2 统计了各省份网络数量的分布情况。由于存在跨省的资金担保链，我们只保留非跨省的资金担保链进行统计。从时间序列的纵向对比来看，在全国范围内，资金担保链的数量基本呈现增加趋势。2018~2019 年，资金担保链的增长率有所放缓。这再次表明，资金担保链的融资形式在全国

范围内越来越流行,这种融资方式正处于不断的发展中。从各省份范围的横向对比来看,山东、江苏、浙江、上海、广东、北京等省份资金担保链数量较多,且增长较快。华中地区的资金担保链数量较多,增长速度平稳。而宁夏和西藏的资金担保链数量最少,而且增长速度缓慢。这进一步表明,经济发展状况良好的地区融资需求旺盛,企业更多使用资金担保链的方式扩大融资规模。

表 1-2　各省份网络数量分布　　　　　　　单位:个

年份 省份	2008	2009	2010	2011	2012	2013	2014	2015	2016	2017	2018	2019
山东	21	38	45	57	66	72	82	90	105	118	129	133
江苏	35	58	64	90	102	111	128	151	176	202	234	252
安徽	6	17	22	29	37	42	46	50	53	59	61	62
浙江	37	68	85	107	120	134	151	166	190	209	245	265
福建	18	23	29	35	37	46	50	58	62	70	76	86
上海	24	69	80	85	97	105	108	121	130	139	157	167
广东	34	84	105	123	149	172	202	251	284	315	345	359
广西	4	9	10	10	17	18	18	21	23	23	22	23
海南	3	9	11	13	14	14	14	15	16	15	17	19
湖北	9	21	26	32	37	40	40	49	52	57	61	63
湖南	8	15	20	26	30	29	34	38	48	55	58	66
河南	7	10	13	18	23	27	29	34	36	39	44	42
江西	8	12	11	12	14	13	15	17	18	22	22	22
北京	24	50	63	74	94	103	117	140	160	168	165	168
天津	6	14	15	16	19	23	28	30	31	36	37	38
河北	7	18	20	23	24	24	29	32	33	34	35	36
山西	2	9	15	15	18	17	19	21	23	23	22	21
内蒙古	4	10	11	11	11	12	13	15	15	15	16	17
宁夏	3	6	6	8	8	8	8	8	8	8	9	7
新疆	12	18	20	21	22	22	24	27	29	32	32	34
青海	2	6	6	6	7	7	8	9	11	11	11	10
陕西	4	7	11	14	16	19	21	23	24	25	25	25
甘肃	7	10	9	11	11	14	17	16	19	20	22	27
四川	6	24	34	41	46	49	50	52	60	65	70	72

续表

年份 省份	2008	2009	2010	2011	2012	2013	2014	2015	2016	2017	2018	2019
云南	5	9	11	14	15	15	16	18	19	20	21	22
贵州	2	7	8	10	10	10	11	10	10	13	15	19
西藏	2	4	5	5	5	5	5	6	8	8	8	10
重庆	5	11	10	12	17	19	19	23	26	30	31	33
辽宁	8	23	22	28	28	29	31	37	41	46	52	54
吉林	2	11	14	16	18	19	19	21	23	26	26	25
黑龙江	5	9	12	14	16	18	22	23	25	26	24	25

资料来源：根据国泰安数据库 2008~2019 年资料计算整理所得。

1.1.3 跨省网络的数量分布

我们统计了 2008~2019 年各年跨省的资金担保链数量，并绘制了跨省的资金担保链数量变化趋势图。跨省的担保网络具体是指，某个资金担保链内部的节点不是全部在同一省份。表 1-3 统计了各年跨省的资金担保链数量，表中的统计结果显示跨省资金担保链的数量逐年增加，其中跨省资金担保链的数量从 2008 年的 5 个增长到 2019 年的 76 个，11 年增长 15.2 倍。图 1-1 为跨省网络数量变化趋势，横轴代表年份，纵轴代表数量。统计结果表明，每年跨省的资金担保链数量都在增加，其中，2008~2017 年跨省的资金担保链数量平稳增长，而 2017~2019 年增长幅度较大。这都表明，资金担保链正朝着更大规模、更大地理区域跨度发展。这也间接反映出资金担保链的融资方式被越来越多的企业采用。

表 1-3 跨省网络数量变化趋势 单位：个

年份	跨省资金担保链数量	年份	跨省资金担保链数量
2008	5	2014	36
2009	20	2015	39
2010	23	2016	40
2011	25	2017	41
2012	29	2018	60
2013	34	2019	76

资料来源：根据国泰安数据库 2008~2019 年资料计算整理所得。

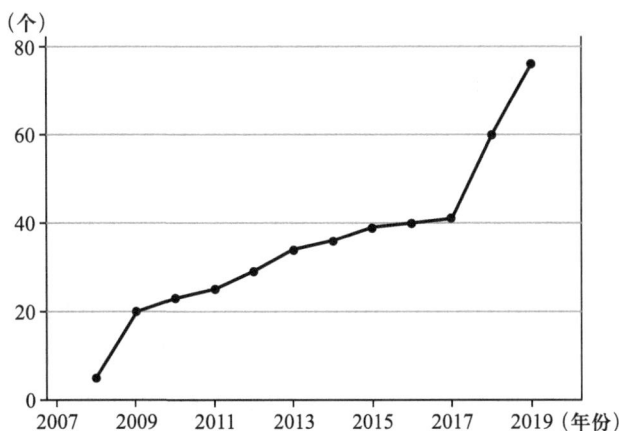

图 1-1　跨省网络数量变化趋势

资料来源：根据表 1-3 绘制所得。

1.2　资金担保链解散情况

资金担保链的解散存在三种可能：

第一种可能是资金担保链中核心企业与非核心企业间的担保关系到期，贷款得到偿还，而没有进一步新增的担保贷款。

第二种可能是资金担保链中核心企业破产，使具有集聚特点的资金担保链自动分裂成若干单一的担保关系或单一节点。按照复杂网络的特点，这一可能性主要发生在星状的资金担保链中。

第三种可能是资金担保链中的关键链路断裂，使原资金担保链分裂成两个新的子网络。按照复杂网络的特点，这一可能性主要发生在链状的资金担保链中，尤其是无标度网络。

资金担保链可以提升企业的信用额度。然而，如果资金担保链内发生信用违约事件，并且该事件进一步升级，引起信用风险的传染，轻则导致资金担保链内的大批企业业绩下降，重则使资金担保链内的大批企业破产。而资金担保链的集聚网络转化为分散网络、复杂网络转化为简单网络，将能够有效化解大型资金担保链的传染风险。同时对分裂形成的新网络依然不能放松风险的监测与防控。

我们统计了 2008~2019 年各年资金担保链解散的数量。担保网络的解散具体是指，若网络 i 在 j 年存在，而在 j+1 年消灭，就称网络 i 在 j+1 年解散。

如表 1-4 所示，在全国范围内，2009~2016 年资金担保链解散的水平较低，而且大多数解散的网络都处在华东地区、华南地区和华北地区。这可能与这些地区的资金担保链较多有关。2017~2019 年，全国范围的资金担保链解散的数量陡然上升，其中，2017 年的解散数量是 2016 年的 7.67 倍，2018 年的解散数量是 2017 年的 3.09 倍。而且，其中大多数解散的网络都处在华东地区、华南地区和华北地区。这些表明，2009~2016 年，资金担保链解散事件发生的不多，随着 2009~2016 年资金担保链数量的增加，区域的节点呈现逐渐聚集的特点。2017~2019 年，正值国家"十三五"规划建设时期，随着宏观经济环境、金融环境、政策环境发生变化，资金担保链的解散数量激增。同时，相比于其他地区，在经济状况发展较为良好的地区（如华东地区、华南地区和华北地区），资金担保链的运用更加频繁，资金担保链解散的数量更多。

表 1-4　网络解散数量变化趋势　　　　　　　　单位：个

年份	全国	华东地区	华南地区	华中地区	华北地区	西北地区	西南地区	东北地区
2009	3	2	0	1	0	0	0	0
2010	6	5	0	0	0	1	0	0
2011	3	1	0	0	1	0	0	1
2012	7	5	0	1	1	0	0	0
2013	5	1	2	0	2	0	0	0
2014	2	0	0	1	1	0	0	0
2015	3	2	0	0	0	1	0	0
2016	3	3	0	0	0	0	0	0
2017	23	7	4	1	10	1	0	0
2018	71	19	18	2	24	3	1	4
2019	66	22	15	6	15	3	4	1

资料来源：根据国泰安数据库 2008~2019 年资料计算整理所得。

1.3　资金担保链节点分布

1.3.1　网络节点的地理区域分布

我们将加入资金担保链的各企业作为网络的一个节点。表 1-5 从全国、各地区两个地理层次对网络节点数量的分布情况进行统计。从时间序列的纵向对比来看，在全国范围内，资金担保链节点数量逐年增加，2008~2009年，由354个增加到784个，仅一年增长率就达121.47%。在之后的年度，资金担保链节点的增长率有所放缓，但是依然以高速增长，到2019年末，全国的资金担保链节点数量达2602个，是2008年资金担保链数量的7.35倍。这进一步表明，资金担保链的融资形式在全国范围内越来越流行。

表1-5 全国及各地区网络节点数量分布   单位：个

年份	2008	2009	2010	2011	2012	2013	2014	2015	2016	2017	2018	2019
华东地区	159	317	380	464	527	581	637	712	794	879	1006	1102
华南地区	45	116	140	160	195	219	249	302	339	377	439	477
华中地区	40	82	95	115	130	135	146	167	184	204	221	235
华北地区	45	114	139	155	185	206	231	264	288	315	348	372
西北地区	25	45	51	57	63	70	78	84	93	100	108	121
西南地区	24	65	78	92	103	110	113	122	135	148	163	178
东北地区	16	45	52	63	67	72	78	87	95	104	113	117
全国	354	784	935	1106	1270	1393	1532	1738	1928	2127	2398	2602

资料来源：根据国泰安数据库2008~2019年资料计算整理所得。

为了对比不同地区网络节点的增长趋势，我们统计了每年网络节点数量的增长率。具体计算方法为：（本年的网络节点数量－上年网络节点数量）/上年网络节点数量。由于2008~2009年与其他年份相比增长率差异较大，为了便于比较，我们只绘制了2010~2019年的网络节点增长率变化趋势图（见图1-2）。从总体走向来看，网络节点的增长率正在趋于平稳，但是每年增长率依然较高，都保持着正向增长。从横向对比来看，华南地区的网络节点增长率普遍高于其他地区，表明华南地区每年有更多企业加入资金担保链。同时，东北地区的网络节点增长率近年来比其他地区的增长率更低，表明东北地区每年有较少企业加入资金担保链。

1.3.2 网络节点的省份分布

在各地区和省份范围内，各地区和省份的资金担保链数量在不断增长。这进一步表明，资金担保链的融资形式在全国范围内越来越流行，这种融资方式正处于不断的发展中。如表1-6所示。从各地区范围的横向对比我们

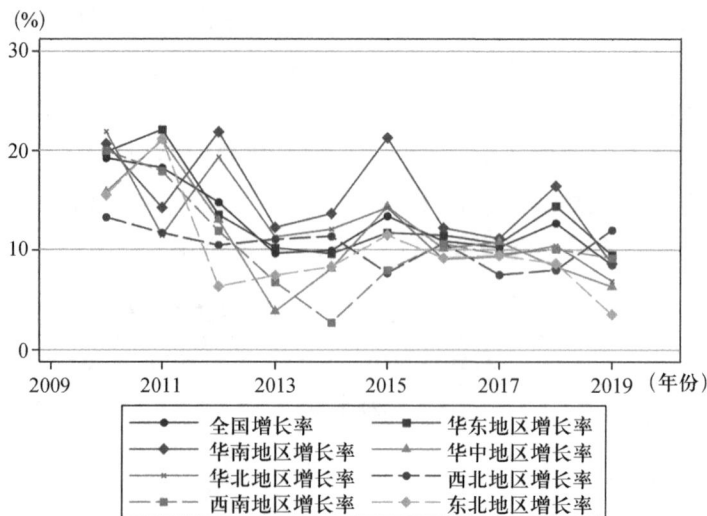

图1-2　全国及各地区网络节点增长率变化趋势

资料来源：根据表1-5绘制所得。

可以发现，在每一年度，华东地区的资金担保链数量最多，并且是第二多地区的2倍以上。其次是华南地区和华北地区，而西北地区的数量最少。这也间接表明，经济发展状况良好的地区有更多企业加入资金担保链。从各省份范围的横向对比，我们同样可以发现，在经济发展较好的省份，例如山东、江苏、浙江、福建、广东、上海、北京等有较多加入资金担保链的企业，这同样验证了我们之前的分析。然而，这些省份资金担保链的快速扩张也爆发了许多资金担保链风险的传染事件。例如，在2012年，山东省的ST海龙债违约及贷款逾期事件引发担保圈信用危机的蔓延[1]；2014年和2017年，山东省的一家民营企业的债务违约导致多家企业陷入财务危机，甚至破产[2]；自2012年下半年以来，江苏省常州市爆发十多起"担保圈"风险事件，多家企业受到牵连，部分银行机构显现"惧贷"情绪[3]；2012年"天煜建设"爆发的担保链危机更是促使杭州600家陷入担保链危机的企业联名上书向政府求援[4]。

---

[1] 资料来源：http://finance.sina.com.cn/roll/20120217/140011401089.shtml?from=wap.

[2] 资料来源：https://www.sohu.com/a/137343346_276934.

[3] 资料来源：https://business.sohu.com/20131001/n387548867.shtml.

[4] 资料来源：http://biz.zjol.com.cn/05biz/system/2012/07/18/018665899.shtml.

表 1-6　各省份网络节点数量分布　　　　　　　　　　单位：个

年份 省份	2008	2009	2010	2011	2012	2013	2014	2015	2016	2017	2018	2019
山东	21	39	47	60	70	76	86	94	110	123	135	144
江苏	37	63	70	96	109	120	138	162	187	212	248	275
安徽	7	18	24	33	41	46	50	56	59	65	69	72
浙江	43	79	100	123	139	153	170	186	210	230	274	304
福建	21	28	34	40	42	51	55	63	68	78	85	98
上海	26	81	95	100	114	123	126	139	148	159	182	196
广东	35	93	114	132	159	182	211	260	293	330	389	423
广西	7	13	14	14	21	22	22	25	27	28	28	30
海南	3	10	12	14	15	15	16	17	19	19	22	24
湖北	11	26	31	38	43	46	47	56	60	66	71	75
湖南	8	24	29	35	38	37	42	47	57	64	69	77
河南	12	17	20	26	31	35	38	43	45	48	54	55
江西	9	15	15	16	18	17	19	21	22	24	27	28
北京	26	57	71	82	102	114	130	154	174	191	216	234
天津	6	15	16	17	20	24	29	31	32	37	41	43
河北	7	18	20	23	26	30	31	34	35	39	41	43
山西	2	12	19	20	23	23	25	27	29	30	31	32
内蒙古	4	12	13	13	14	15	16	18	18	18	19	20
宁夏	4	9	10	12	12	12	12	12	12	12	13	13
新疆	12	18	20	21	23	24	26	29	31	35	38	43
青海	2	7	7	7	8	8	9	10	13	13	13	13
陕西	4	10	14	17	20	23	25	28	29	31	34	37
甘肃	7	10	10	12	12	12	14	17	20	21	23	28
四川	7	28	38	45	50	55	56	59	66	71	80	83
云南	5	9	11	14	15	15	16	18	19	20	21	23
贵州	3	8	9	11	11	11	12	11	11	14	16	20
西藏	2	5	6	6	6	6	6	7	9	9	10	12
重庆	7	15	14	16	21	23	23	27	30	34	36	40
辽宁	8	24	25	32	32	33	35	41	45	50	58	61
吉林	3	12	15	17	19	21	21	23	25	28	28	28
黑龙江	5	9	12	14	16	18	22	23	25	26	27	28

资料来源：根据国泰安数据库 2008~2019 年资料计算整理所得。

1.3.3 网络节点的企业性质分布

为了了解不同类型企业在资金担保链中的分布情况，我们把企业分为国有企业、非国有企业和 ST 企业、非 ST 企业的分组，并对各组的企业数量和企业数量年增长率进行了统计。如表 1-7 所示。从时间序列的纵向对比来看，除 2011~2014 年 ST 企业的数量有大幅度下降外，在其他类型的企业和年份中，资金担保链节点的数量都是逐步上升的。这表明，资金担保链的融资方式在各类型企业中都是新的趋势。其中，2008~2009 年加入资金担保链的各类型企业数量急剧增长，之后增长速度逐渐缓和。从横向对比来看，担保网络中国有企业的节点数在 2012 年之前多于非国有企业，之后非国有企业的数量迅速增长，超过了国有企业。对于 ST 企业、非 ST 企业而言，资金担保链中 ST 企业的数量显著少于非 ST 企业。出现这种现象的原因可能是与所有 ST 企业的数量本身较少有关。因此，仅从绝对数对比担保网络中 ST 企业、非 ST 企业的数量并没有较大的参考价值。

表 1-7 国有企业、非国有企业及 ST 企业、非 ST 企业网络节点数量分布

单位：个

年份	国有企业	非国有企业	ST企业	非ST企业	国有企业增长率（%）	非国有企业增长率（%）	ST企业增长率（%）	非ST企业增长率（%）
2008	214	140	12	342	—	—	—	—
2009	466	318	71	713	117.76	127.14	491.67	108.48
2010	543	392	90	845	16.52	23.27	26.76	18.51
2011	587	519	84	1022	8.10	32.40	−6.67	20.95
2012	637	633	64	1206	8.52	21.97	−23.81	18.00
2013	666	727	39	1354	4.55	14.85	−39.06	12.27
2014	690	842	37	1495	3.60	15.82	−5.13	10.41
2015	732	1006	45	1693	6.09	19.48	21.62	13.24
2016	764	1164	60	1868	4.37	15.71	33.33	10.34
2017	788	1339	67	2060	3.14	15.03	11.67	10.28
2018	830	1568	81	2317	5.33	17.10	20.90	12.48
2019	875	1727	94	2508	5.42	10.14	16.05	8.24

资料来源：根据国泰安数据库 2008~2019 年资料计算整理所得。

为了解决绝对数的对比无法消除不同类型企业之间的规模差异造成的影

响，我们绘制了国有企业、非国有企业及 ST 企业、非 ST 企业网络节点增长率变化趋势图，并对不同类型企业数量的增长率进行了可视化比较。由于 2008~2009 年的增长率异常（增长率过大），为了保证数据的可比性，我们只在图 1-3 中绘制了 2010~2019 年国有企业、非国有企业及 ST 企业、非 ST 企业网络节点增长率的变化趋势。对比国有企业、非国有企业，可以明显看出，非国有企业的网络节点数量增长速度始终大于国有企业。这表明，近年来资金担保链的融资方式在非国有企业中更加流行。非国有企业更有可能加入资金担保链。对比 ST 企业、非 ST 企业，2015~2019 年，ST 企业的网络节点数量增长速度始终大于非 ST 企业。这也表明，近年来 ST 企业更倾向于通过资金担保链的方式缓解自己的财务困境，它们更有可能加入资金担保链。

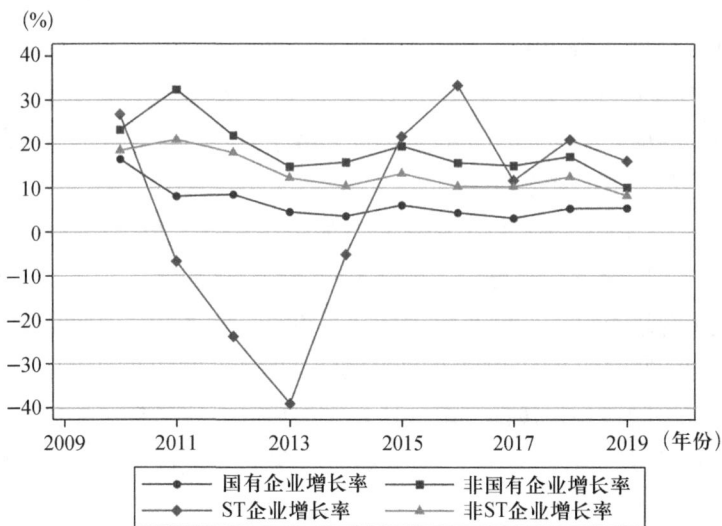

图 1-3　国有企业、非国有企业及 ST 企业、非 ST 企业网络节点增长率变化趋势

资料来源：根据表 1-7 绘制所得。

1.4　资金担保链的经济效应

由于信息不对称、金融发展滞后等代理成本的存在，致使企业加入担保链，以缓解融资约束。而加入担保链的企业形成特殊的利益共同体，一家企业的变动会导致网络中所有企业的变动。国内外学者从不同角度分析了企业加入担保链以及担保链风险传染所带来的经济后果。

1.4.1 正面效应

诸多学者认为加入担保链可以有效弱化企业与企业之间、银行与企业之间的信息不对称问题，缓解企业融资约束，提高融资能力。Menkhoff 等（2006，2012）认为企业通过相互担保在一定程度上可以减少逆向选择和道德风险。马毅等（2016）、张俊民等（2018）和张乐才（2011）认为担保可以降低企业融资成本，加入资金担保链的企业的融资能力比独立企业强。张俊民等（2018）研究发现，担保降低了公司的应计与真实盈余管理程度、提高了盈余质量。

同时，国内外学者认为，担保为信贷融资契约的履行提供了一种额外的、更加有效的监督机制，同时可以提高企业声誉。Ronald（1997）认为这种监督机制的存在有效减少了借款企业的道德风险。文学舟等（2019）认为，信用担保的介入有利于建立及维护小微企业的声誉效应，且良好声誉效应的发挥有利于增加银企信任度。

对于加入担保链是否可以降低企业的风险水平，至今仍存在较大争议，不同学者从不同角度进行分析，得出不同结论。张乐才（2011）认为，只有当整体经济环境有利时，资金担保链是有益的，反之则会导致企业全部陷入困境。陈耸（2015）、刘斌和李曙光（2014）认为，利用担保融资这种方式可以很好地解决融资担保风险，降低区域金融风险。张夔等（2019）认为，担保链可以通过缓解风险承担代理冲突以及提供必要的债务资源显著提高企业风险承担水平。

1.4.2 负面效应

然而，担保网络不仅可以带来缓解企业融资约束、加强外部监督、降低企业风险水平等正面效应，同时也可能形成负面效应。已有研究从企业绩效、大股东利益侵占等方面研究了担保链的负面影响。

一部分学者将企业绩效作为结果变量进行分析，认为加入担保链会导致企业绩效降低。刘小年和郑仁满（2005）研究提出，上市公司业绩与对外信用担保显著负相关，资产负债率与对外信用担保显著正相关。杜权和郑炳蔚（2010）对浙江担保链调查发现，由于存在连带担保责任，一家企业的银行债务问题会连累担保链上的其他企业，导致其他企业陷入财务危机甚至破产。刘海明（2016）认为，网络中一家公司表现较差时，同一网络内的其他企业下一年度的绩效水平较低，并且绩效出现下滑。曹廷求和刘海明（2016）发现，加入担保链导致企业过度投资和控股股东的机会主义行为，从而使企业绩效下降。邵慰和刘敏（2019）发现，加入担保链的僵尸企业存在传染效应，这一效应会导致正常企业的绩效下降。

同时，有许多学者认为企业加入担保更加便利了大股东利益侵占，从而对公司产生负面影响。薛爽和王鹏（2004）研究提出，大股东通过占用上市公司资金和要求上市公司担保来直接或间接地损害上市公司利益。张光荣和曾勇（2006）认为上市公司为大股东提供的担保往往最后变成上市公司的真实负债。万良勇和魏明海（2009）认为，担保圈的经济后果是圈内企业由于不能承担担保代偿责任而破产重组，银行形成呆坏账。李金凯（2018）研究发现，担保链通过大股东侵占、融资约束对企业绩效产生负效应。

综上所述，目前研究大多从担保链整体角度出发对企业产生的影响，较少从担保链结构以及担保链中的企业个体角度分析对企业的影响。同时，对企业影响的分析集中于融资约束水平、风险承担水平以及企业绩效等，对企业财务方面以及企业自身结构方面的影响研究不足，对担保链风险传染对整个担保链经济后果研究不足。但目前学者取得的研究成果对本书进一步研究担保风险传染经济后果具有重大借鉴意义。

本章小结

本章的研究成果：

第一，分别按照地理区域、省份、跨省对中国上市公司资金担保链的分布情况进行了统计分析。

第二，分别按照地理区域、省份、企业性质对中国上市公司资金担保链节点的分布情况进行了统计分析。

本章的研究发现：

第一，经济发展状况良好的地区和省份有更多资金担保链，其中，在地理区域上，华东地区的资金担保链数量最多；在省份上，山东、江苏、浙江、上海、广东、北京等省份资金担保链数量较多，且增长较快。

第二，资金担保链正朝着更大规模、更大地理区域跨度发展，而且自2017年以来，这种趋势尤为明显。

第三，资金担保链解散的数量在 2017 年后激增，其中在经济发展较好的地区，例如华东、华南和华北地区的资金担保链解散的数量更多。

第四，华南地区的网络节点增长率普遍比其他地区的增长率更高，在经济发展较好的省份，例如山东、江苏、浙江、福建、广东、上海、北京等省份有较多加入资金担保链的企业。

第五，非国有企业的网络节点数量增长速度始终大于国有企业。ST 企业更倾向于通过资金担保链的方式缓解自己的财务困境，它们更有可能加入资金担保链。

第2章 资金担保链风险形成机理

为了探究中国资金担保链风险的形成机理,我们收集了近年来关于资金担保链风险的相关理论文献,这一部分文献以国内文献为主,分别从担保链风险和资金链风险展开。此外,由于资金担保链属于金融网络的一种特例,因此金融网络风险的形成机理亦能够部分解释资金担保链风险的形成动因。基于此,本章对金融网络风险相关研究进行了梳理。国内外学者对金融网络风险的研究十分丰富,为资金担保链风险形成机理的研究提供了参考。

2.1 金融网络风险的形成机理

2.1.1 金融网络风险的传染渠道

金融风险传染效应的存在基于以下渠道:基于产业关联理论的实体经济关联渠道、基于货币主义学派理论的金融关联渠道、信息不对称下的"羊群行为"。吴念鲁等(2017)研究了我国资本市场,发现日趋成熟的资本市场使金融部门更加趋向于混业经营,各机构业务互相渗透、交叉,在这种情况下,一旦某一地区或行业出现风险,就会导致该风险通过各种渠道扩散至整个金融市场,进而形成经济危机。Acharya 和 Yorulmazer(2007)对易发生"羊群效应"的商业银行类型进行研究,发现小型银行在政策激励的情况下容易发生"羊群效应"。周皓等(2018)发现,系统性金融风险指标阶段的跳升有"事件驱动"的特征,而这一特征来源于在内外因素共同作用的复杂环境下的恐慌情绪和悲观预期。

2.1.2 金融网络结构特征

由于金融主体之间的联系复杂，学者将复杂网络理论与金融风险联系起来，从金融网络规模、联系紧密度和拓扑结构等方面研究金融网络风险的形成机理。

在金融网络规模方面：Kroszner 等（2006）、Allen 和 Carletti（2013）研究发现，金融网络规模越大对系统性风险传染的影响越大。然而，Nier 等（2007）却发现银行间拆借规模增加会增加银行违约率。

在联系紧密度方面：Elliott 等（2012）研究了金融网络的多样化和整合性的权衡关系，他们发现最初多样化的增加使连锁反应得以进一步传播，但最终更多的多样化使任何一对组织之间的传染可能性下降，因为它们彼此之间的依赖性降低了，集群也面临着权衡，增加对其他组织的依赖，减少对自己投资的敏感性。Acemoglu 等（2015）提出金融主体间密切的联系是负面冲击的一种传导机制，导致了更加脆弱的金融系统。

在拓扑结构方面：Allen 和 Gale（2000）在将复杂网络结构与系统性风险联系起来方面做了开创性的工作，他们通过分析流动性冲击在银行间网络中的传染机制，发现网络结构不完备可能会使市场成为风险传染渠道。Allen 等（2012）研究了不同条件下聚集网络和非聚集网络结构对金融网络的网络稳定性的影响，发现在集群结构中银行集团集中违约；非集群结构的违约更加分散。Paltalidis 等（2015）发现欧元区银行体系明显脆弱，有利于系统性风险蔓延。吴念鲁等（2017）通过构建基于机构的网络模拟模型（ABNS），研究不同冲击下我国银行同业之间流动性风险的传染机制和后果，发现中心节点违约的后果尤为严重，市场流动性收紧到阈值时违约机构大规模爆发，组合冲击加深了传染后果。

2.1.3 宏观经济环境

Acemoglu 等（2015）研究了金融危机的蔓延，发现只要影响金融机构的负面冲击的规模足够小，一个更紧密的金融网络就能提高金融稳定性，然而密集的互相联系在一定程度上也导致了更脆弱的金融体系。谢圣远和谢俊明（2019）运用 Logit 模型进行实证分析，结果表明币值波动导致系统性金融风险发生的概率提高。梁斯和郭红玉（2017）认为宽松货币政策会助推商业银行杠杆及系统性金融风险水平的上升，从而对金融体系的稳定产生直接冲击，增加系统性金融风险发生的可能。王桂虎和郭金虎（2018）发现了宏观杠杆率与系统性金融风险的门槛效应，当宏观杠杆率小于 182% 时，宏观杠杆率与系统性金融风险负相关；当介于 182%~188% 时，两者之间的正负关系未必发生变化；当大于 188% 时，宏观杠杆率将会提高系统性金融风险发生的概率。

2.2　担保链风险形成机理

2.2.1　担保链的入链动因

2.2.1.1　大股东侵占行为

基于委托—代理理论和信息不对称理论，随着大股东的股权被稀释，大股东可能会利用自身的信息优势进行占用行为，导致企业资金流失、绩效下降，进而增加担保链的风险。罗党论和唐清泉（2007）发现，对外担保增加了控股股东的掏空行为。万良勇和魏明海（2009）研究了河北担保链的形成动因，发现大股东的利益输送需求是河北担保链形成的内在动因。大股东为了满足自身的侵占需求可能会通过过度担保、过度融资、过度投资、过度跨境等方式实现目的，这不仅会增加"两链"风险，还会增多金融纠纷。Johnson 等（2000）、Jiang 等（2010）研究了大股东及融资约束的传导机制，发现控股股东会利用担保网络侵占上市公司及中小股东利益，导致企业出现担保圈问题。

2.2.1.2　企业的财务特征

由于市场上存在信息不对称问题，不同财务特征的企业对是否加入或退出担保圈的决策也不同。具体来讲，闫雪（2014）研究发现，资产负债率较高的公司更有可能参与异常担保，异常担保具有显著的负面影响，这导致公司业绩下降，代理成本增加，公司投资水平下降。刘海明等（2016）基于动态视角研究了"担保圈"，发现绩效越差的企业越倾向于加入已存在的担保圈，并且其退出担保圈的速度较慢，而绩效较好的企业更加倾向于重新建立担保圈，并且其退出担保圈的速度较快。

2.2.1.3　企业间的关系

企业间的熟知关系有利于解决贷款决策中的信息问题，起到提高信贷资源配置的作用，进而构成信用担保合约的基础（李明明和刘海明，2018），提高加入担保链的可能性。马亚军和冯根福（2005）提出，企业间担保关系依靠企业间上下游关系、企业高管的私人关系、母子公司的所有权关系维持。盛丹和王永进（2014）也发现企业间的关系能够缓解融资约束。李明明和刘海明（2018）则对企业间关系的理论进行了实证研究，发现企业间熟知关系越高，越有可能加入担保圈；而且，公司绩效较差或者治理水平较低的公司会减弱企业间熟知关系对加入担保圈的正向影响。

2.2.1.4　制度环境

我国金融体系以及相关法律等尚不完善，专轨经济的结构性障碍、信息不对称造成的交易失败、信贷配给和信贷启示等金融压抑现象共生，企业面临着严重的融资困境（邓可斌和增海舰，2014）。施春荣（2009）认为金融抑制环境导致我国资金担保链的形成。

2.2.2　担保链风险传染的影响因素

2.2.2.1　担保关系复杂度与担保链风险传染

担保关系的复杂程度，例如互保的方式、成员间的关系或拓扑结构等都会对担保链风险造成影响。互保的方式虽然有助于提高企业信用等级、增强融资能力，但是由于互保是互相叠加的担保方式，并且这些企业大多数处于同一行业或相关行业及产业链，集群企业的复杂的担保关系大大增加了产业集群和相关金融机构的金融风险（Jian 和 Xu，2012）。而且，学者从担保链的成员关系和拓扑结构的视角对担保链的风险传染进行了研究，发现担保链内成员间的关系越复杂、担保链的拓扑结构越复杂，其传染风险越高。张乐才（2011）对企业资金担保链的风险共享机制进行了分析，发现企业资金担保链组成了一个"线、环、网"系统的风险共享体系，网络风险通过资产负债表渠道、信息传染渠道和投资传染渠道等形式进行传染。周建华（2016）对眼镜产业担保网进行分析发现，网络结构表现为凝聚程度高和碎片化程度低的特点，风险一旦超过临界点，这种网络结构就会使风险传染效应增强。崔蓓和王玉霞（2017）发现，担保圈网络结构对风险传染的作用机制取决于企业间调和距离，当调和距离高于一定的阈值、风险冲击较强时，较弱的担保关系限制了风险传染，当调和距离低于一定的阈值，紧密的担保关系推动了风险传染。

2.2.2.2　经济周期与担保链风险传染

宏观经济环境既决定了企业获得融资的难度，也影响了企业的绩效和资金充沛度，而且担保的直接成因缘于企业的融资行为，相较于股权融资，债务融资对于经济周期的反应更为明显（罗时空和龚六堂，2014）。经济周期上行时，担保链可以缓解融资困难，然而经济周期下行时可能会触发担保链风险的传染。奚尊夏（2013）从经济周期的角度进行研究，发现当经济处于上行周期时，互保贷款的方式可以弥补集群企业抵押和运营风险的问题，在一定程度上解决了企业融资困难；然而，当经济处于下行周期时，金融机构信贷收紧，部分不良企业资金链断裂，企业集群大范围互保带来了巨大传染风险。张龑等（2019）从经济周期波动的角度进行了研究，发现经济周期波动可以调节担保链对企业风险承担水平的提升关系，其中经济上行期对这种提升关系更加明显，这有利于阻止担保链风险的传染。

2.2.2.3　制度环境与担保链风险传染

不健全的经济制度环境，如法律不健全、政府干预、金融机构非市场化等因素会减弱担保链的信息优势，加剧担保链风险的传染。刘海明等（2016）对担保链的传染效应进行了实证研究，发现政府官员在政绩导向的晋升激励制度下，撮合没有相对信息优势的担保合约，这种担保合约不仅没有缓解信息不对称问题，反而为担保链埋下风险传染的隐患。李明明和刘海明（2018）也发现，制度环境较差会减弱企业间熟知关系带来的信息优势，进而加剧担保链风险传染。

2.3　资金链风险的形成机理

由于国内外的法律制度的差异，国外企业资金链断裂就会申请破产，而国内资金链断裂并不代表破产，因此，国外研究公司破产和财务困境的较多，而研究资金链风险的较少。

2.3.1　内部治理

资金链风险的形成在很大程度上是由于公司治理失败，已有研究从公司治理结构、公司战略、经营活动和偿债能力等方面进行了研究。

在公司治理结构方面：代彬和彭程（2012）研究发现，终极控股股东的现金流权与财务风险负相关，两权分离程度与财务风险正相关。

在公司战略方面：Amit 和 Livant（1988）研究发现多元化可以降低企业陷入财务困境的可能性。

在经营活动和偿债能力方面：杨毓（2009）提出内部原因主要有盲目多元化经营、内部财务管理不善、随意担保、被关联方影响、制衡机制缺失高管行为失控、违规运作非法获取资金。王玉红和郎文颖（2013）研究了尚德破产重组的案例，发现企业资金链断裂的原因是战略失误、经营活动绩效不佳和偿债能力低下。马广奇等（2017）研究了乐视资金链断裂的案例，发现乐视资金链断裂的根本原因是企业战略上的过度投资扩张，基础原因是经营活动的成果不佳，直接原因是财务上的高负债和偿债能力低。

2.3.2　外部冲击

即使公司拥有良好的内部治理环境，但是外部冲击也可能导致资金链风险，例如，资金链断裂的外部原因主要有宏观经济形势周期变化、经济金融体制不健全、金融机构无序等（杨毓，2009）。Gietzen（2017）研究发现，良好的法制和法律环境有助于降低财务风险，地区投资者保护与企业财务风险负相关，政府干预显著增加企业财务风险。季伟伟等（2014）研究了货币政策对财务风险的影响，发现宽松的货币政策能有效降低财务风险，反之则会加大财务风险。并且，刘海明（2016）研究发现诉讼风险和银行提前抽贷会引发财务困境。

本章小结

本章的研究成果：

第一，结合国内外研究成果，对金融网络风险形成机理的相关文献进行了整理。

第二，综合现有文献，分析了担保链的入链动因、担保链风险传染的影响因素。

第三，从内部治理和外部冲击的角度讨论了资金链风险的形成机理。

本章的研究发现：

第一，金融网络风险的传染渠道包括：基于产业关联理论的实体经济关联渠道、基于货币主义学派理论的金融关联渠道、信息不对称下的"羊群效应"。金融网络风险的影响因素包括网络结构特征和宏观经济环境。其中网络结构特征包括金融网络规模、联系紧密度、拓扑结构。

第二，大股东侵占行为、企业的财务特征、企业间关系、制度环境等都会驱使企业加入担保链。而担保链风险传染的影响因素包括担保关系复杂度、经济周期、制度环境等。

第三，资金链风险是由公司内部因素和外部因素导致：内部因素有公司治理结构、公司战略、经营活动偿债能力等；外部因素有宏观经济形势周期变化、经济金融体制不健全、金融机构无序、诉讼风险、银行抽贷等。

第3章 资金担保链风险预警指标与模型

资金担保链风险已成为经济发展中不可忽视的重要风险因素，建立符合我国国情的担保链资金预警指标和预警模型重要而迫切。当前大部分学者从企业财务风险、道德风险、市场风险以及在保业务风险等角度对担保链风险预警指标进行了研究，并取得了一定成果。基于此，本章对现有文献进行了归纳整理，得出了资金担保链风险预警指标与传染仿真模型。鉴于国内外学者对金融网络风险的研究十分丰富，本章同时梳理了金融网络风险预警指标和预警模型，同时对各预警模型的优缺点以及适用领域进行了比较分析。

3.1 资金担保链风险预警指标

曹宏杰（2010）从宏观环境、受保企业、担保公司三个方面构建评价指标体系。尹靖华等（2010）从微观层面构建我国信用担保企业的风险预警机制，遴选了道德风险指标、财务风险评价指标、市场风险评价指标。陈慧香（2011）借用财务分析的思路，从担保数量风险、担保单位财务质量风险、担保时间风险、担保质量风险进行指标设计。任彦峰（2012）考虑了宏观经济环境因素，构建了三级指标体系。张泽旭等（2012）研究提出用企业担保调整后的资产负债率和对外担保金额两个指标进行风险预警。顾海峰（2014）从受保企业的盈利能力变化、偿债能力变化、管理能力变化、拓展能力变化四大层面，设计了金融担保风险预警指标体系，在此基础上，引入信号函数构建了金融担保风险预警模型。袁洋和许国艺（2014）从企业层面（包括控制环境风险、管理层凌驾于担保业务内部控制的风险、企业层面的风险评估、信息传递与沟通、对控制的监控）和担保业务层面（包括担保业务自身的风险暴露程度、被担保企业的风险暴露）构建了对外担保内部控制风险预警评价模型。冀新华（2019）从业务财务风险（包括运营能力指标、获利能力指标、偿债能力指标、发展能力指标以及现金流量指标）来研究担保企业财务风险预警。

　　综上所述可以看出，大多数学者从企业个体层面对资金担保链风险预警指标进行遴选，本章在这里总结了目前资金担保链风险预警的指标，如表3-1所示。

表 3-1　资金担保链风险预警指标

一级指标	二级指标	学者
财务风险指标	资产负债率	李蔚等（2007），尹靖华等（2010），陈慧香（2011），张泽旭等（2012），冀新华（2019）
	流动比率	李蔚等（2007），尹靖华等（2010）
	现金留存比例	李蔚等（2007）
	流动资产负债率	
	营运资产负债率	
	担保债务负债率	
	偿付资本率	
	资产净收益率	
	注册资本	
	速动比率	尹靖华等（2010）
	现金比率	
	销售毛利率	
	销售收入利润率	
	资金利税率	
	应收账款周转率	
	应付账款周转率	
	总资产周转率	
	偿债前现金流量	
	利息覆盖率	
	债务现金流量比	

续表

一级指标	二级指标	学者
财务风险指标	销售净利率	陈慧香（2011）
	盈余现金保障倍数	
	现金流动负债比率	
	未抵押资产占净资产比重	
	净资产业务报酬率	冀新华（2019）
	营业收入增长率	
道德风险指标	逾期债务比率	尹靖华等（2010）
	担保放大倍数	李蔚等（2007）
	债务追偿率	
	贷款按期偿还率	尹靖华等（2010）
	合同履约率	
	货款支付率	
	担保资料可信度	
	拨备覆盖率	冀新华（2019）
	代偿支付保障率	
市场风险	贷偿率	李蔚等（2007）
	在保业务逾期率	
	年报业务收益率	
	产品销售率	尹靖华等（2010）
	成品库存适销率	
	存货周转率	
在保业务指标	最大担保余额	李蔚等（2007）
	最大十家业务担保余额率	
	单一行业担保余额率	
	单一业务担保余额率	
	担保收费率	
	赔偿准备金率	
	反担保风险加权系数	
	担保期限	

一级指标	二级指标	学者
在保业务指标	担保资金放大倍数	冀新华（2019）
	在保业务费用	
	担保代偿率	
	代偿回收率	
	担保业务收入率	
	担保金额与净资产的比率	陈慧香（2011）
	担保期限是否过长	
	担保是否逾期	
	是否涉诉	
	是否属于连带责任担保	
	是否连环担保	
	是否互保	
	是否抵押担保	
	是否质押担保	

由此可以看出，目前我国对担保链风险传染预警指标的研究主要集中于从企业个体角度构建风险预警指标体系，对进一步构建更加全面的预警指标体系有巨大借鉴作用。但目前对资金担保链金融风险预警指标的研究，多从微观角度出发，较少从宏观环境与网络结构出发考虑风险预警指标构建。

3.2　资金担保链风险传染模型

仿真模型是揭示复杂网络风险传染机制的有效工具（马源源等，2013；曾志坚和吴汪洋，2018；Garas 等，2010），而目前传染仿真模型主要有：SIR（SIRS）模型和熵空间模型。

对于 SIR（SIRS）模型，李光正和史定华（2006）用 SIRS 模型对复杂网络进行模拟流行病传染仿真分析，证实了复杂网络上疾病传播的决定因素是网络的拓扑结构。吴田等（2018）运用风险传播动力 SIR 模型，对交叉性金融业务风险传染爆发阈值展开推导并进行了仿真分析，提出传染率是传染的关键。胡志浩和李晓花（2017）运用 SIRS 模型对中国金融网络进行仿真分析，提出了当传染率超过阈值时，传染才会发生。徐攀和于雪（2018）运用SIRS模型对天煜建设案例进行仿真分析，提出降低有效传染率和提高阈值这两个角度可以有效控制传染效应。

对于熵空间模型，Barro和Basso（2010）运用熵空间模型来模拟客户公司位置的概率，从而对银行业务网络中的信贷传染进行了仿真分析，发现客户公司的空间位置会对传染产生影响。Ohnishi等（2010）区分了企业间互动的特征模式，并基于商业信用关系阐明企业的生产和经济功能。

SIR（SIRS）模型有区分不同节点类型、动态传染的特点，优点是可以结合网络的拓扑结构进行传染仿真，缺点是难以基于存在空间距离的传染仿真，适合需要结合网络拓扑结构的风险传染研究。而熵空间模型的优点是可以基于空间距离进行传染仿真，但缺点是无法体现出网络的拓扑结构，适合基于距离类型的风险传染研究。由于担保网络的传染主要是基于网络的拓扑结构所引起的传染，因此在担保网络风险传染仿真研究中，SIR（SIRS）模型被广泛使用（李光正和史定华，2006；徐攀和于雪，2018）。

3.3　金融网络风险预警指标

国外学者对金融网络风险预警指标研究较早，近年来，我国市场化程度不断提高，市场国际化水平也逐步提高，我国金融体系面临风险不断增加，国内学者基于这一现实背景以我国国情出发，从银行危机压力、外汇市场压力、资产泡沫压力等其他压力角度对我国金融风险预警指标做出了研究，对于构建担保链风险预警指标有较大借鉴作用。

Lall等（2009）选取银行部门滚动 β 系数、汇率波动率、TED 利差、公司债利差、股指下跌百分比、股票市场波动率和收益率曲线斜率 7 个变量构建了 17 个国家的金融压力指数。Balakrishnan 等（2011）构建了发达经济体金融压力指数，运用银行部门 β 系数、股票收益率、时变股指收益波动率、主权债务利差和外汇市场压力指数构建了新兴市场金融压力指数。吕江林和赖娟（2011）以金融系统性风险的同步变量构成的中国金融压力指数为被解释变量，以滞后的宏观经济变量、货币信贷变量、资产价格变量和相关经济大国的宏观经济变量为解释变量，构建起金融系统性风险预警的指标体系。杨雪莱和许传华（2012）基于信号方法发现实时预警指标中外汇储备类、净外国资产类、汇率类以及结构性指标中贸易差额占 GDP 比重、外汇储备占

GDP 比重等指标具有较好的预测绩效。周宏等（2012）从国际金融危机的传导途径入手，构建包含宏观经济、金融市场、金融机构和微观企业层面的中国国际金融风险预警指标体系。许菁（2013）依据开放经济的特点选取宏观经济运行、金融利率、货币政策和泡沫经济、国际游资、国际汇率和国际收支相关指标构建我国金融风险预警指标机制。杨俊龙和孙韦（2014）根据同步性和及时性两大原则，加权货币危机风险压力指数、银行危机风险压力指数和泡沫风险压力指数的季度数据，得到我国金融风险压力指数，作为系统性金融风险的测度指标。饶勋乾（2015）基于货币危机压力指数构建综合压力指数，并对其波动趋势进行分析，发现投资波动、进出口变化和通货膨胀对整体风险的影响不够显著，股市波动、房地产市场波动、银行信贷变化、实际利率波动以及货币供应量趋势的变化是风险的主要影响因子。师家升和起建凌（2019）通过银行危机压力指数、外汇市场压力指数和资产泡沫压力指数构建中国金融风险预警指数。

　　国内外金融风险预警指标体系中的指标主要选取的是宏观经济环境指标，大多从货币压力指数、银行压力指数以及资产泡沫压力指数构建金融风险预警指数。本章总结了目前相关指标研究，如表 3-2 所示。

表 3-2　金融网络风险预警指标

一级指标	二级指标	学者
银行危机压力指标	存贷款比例	杨俊龙和孙韦（2014）、饶勋乾（2015）、师家升和起建凌（2019）
	我国银行信贷余额	吕江林和赖娟（2011）
	存贷利差	
	银行不良贷款率	许菁（2013）
	信贷增长	
	货币供应率	杨俊龙和孙韦（2014）
	实际利率	饶勋乾（2015）
	货币供应量	
资产泡沫压力指标	股票价格指数	饶勋乾（2015）
	房屋价格指数	
	上证指数	师家升和起建凌（2019）
	深圳成指	

一级指标	二级指标	学者
宏观经济指标	广义货币增长率	吕江林和赖娟（2011）
	通货膨胀率	周宏等（2012），许菁（2013），杨俊龙和孙韦（2014），饶勋乾（2015），师家升和起建凌（2019）
	物价指数	杨雪莱和许传华（2012）
	贸易收支/GDP	
	出口/GDP	
	外汇储备/GDP	
	股票市值增长率	周宏等（2012）
	经济学家信心指数	
	固定资产投资增长率	饶勋乾（2015）
	进出口额增长率	
	GDP同比增速	师家升和起建凌（2019），周宏等（2012）
	生产者价格指数	师家升和起建凌（2019）
	消费者价格指数	

3.4　金融网络风险预警模型

在已有的金融风险预警研究成果当中，影响范围广、可操作性强且得到广泛认可的有以下几种："信号法"（KLR模型）、Logit回归模型、BP人工神经网络模型、灰色系统理论、支持向量机模型。国内外学者基于这几种典型模型对金融网络风险预警模型进行了大量研究。

基于"信号法"（KLR模型）的研究。林筱文和宋保庆（2011）在对国际主流金融风险预警KLR信号分析法指标体系进行修缮的基础上，采用熵值法对各指标进行客观赋权，对我国1995~2009年金融风险情况进行实证分析。张安军（2015）通过选取KLR信号分析法，对我国1992~2011年金融安全的警情警度进行了动态定量测算分析。

Komulainen和Lukkarila（2003）基于Logit回归模型的研究。提出基于滞后宏观经济和金融数据的Simple Logit模型，构建了投机冲击预测模型。Bussiere和Fratzscher（2006）设计了多元Logit回归早期预警模型，对安全期、危机时期和后危机时期进行比较分析。陈守东等（2009）运用Logit模型分别建立宏观经济风险预警模型和金融市场风险预警模型，包括货币危机和国债危机预警模型，对 2006 年我国金融风险进行了预警，结果发现整体金融状况良好，宏观经济运行稳定、货币危机发生可能性较小。

基于 BP 人工神经网络模型的研究。陈秋玲等（2009）建立基于 BP 人工神经网络模型的金融风险预警模型，并对 1993~2007 年我国金融风险情况在 MATLAB 软件中进行模型的训练、检验和预测，得出我国 2008 年预警结果。楼文高和乔龙（2011）在遵循 BPNN 建模原则和基本步骤的情况下，建立泛化能力较好的金融风险预警 BPNN 模型，并对 1994~2010 年中国金融风险进行实证研究，发现除 2008 年和 2010 年金融风险处于"警惕"状态外，其他年度处于"基本安全"状态。李梦雨（2012）通过研究我国 1994~2011 年的经济数据，对关系到金融系统稳定的 16 项经济变量进行主成分分析，在此基础上运用 K—均值聚类算法，把金融系统风险状态分为四类，继而借助 BP 神经网络建立了我国金融系统风险的预警模型。沈悦等（2019）基于 BP 人工神经网络模型建立了人民币国际化进程中的金融风险预警模型，并根据 2014 年的经济数据对 2015 年的金融安全运行态势进行了预测。

基于灰色系统理论的研究。李蔚等（2007）引入灰色系统理论，建立中小企业信用担保机构预测模型，保证了预警预测的可靠性。陈虹和金鑫（2009）采用灰色预警模型，通过原始数据累加生成新的数据，建立微分方程进行相应担保机构系统风险预测。吴田（2015）将风险信号灯等级法加以修缮，并与时间序列 ARMA 模型、灰色预测理论有效结合，构建金融网络风险预警模型。

基于支持向量机模型的研究。林宇等（2016）引入自适应合成抽样方法和逐级优化递减欠采样方法，与 SVM 相结合，构造出 ODR-ADASYNSVM 模型来预测中国极端金融风险。王鹏和黄迅（2018）引入新型的支持向量机（SVM）人工智能模型，即孪生 SVM（Twin-SVM）模型对多分形特征下的金融市场风险展开预警研究。赵丹丹和丁建臣（2019）采用支持向量机和主成分分析法构建中国银行业系统性风险预警模型，认为 SVM 模型具有较高的预警正确率，同时发现在不同的阶段中国银行业系统性风险水平呈现出不同的变动趋势。谷慎和汪淑娟（2019）构建基于支持向量机（SVM）的碳金融风险预警模型，对我国 6 个碳金融试点市场进行预警，发现北京、上海试点市场风险较大，天津、深圳市场居中，广东和湖北市场相对健康。

目前，对金融网络风险预警模型的研究较多，学者基于多种典型模型研究金融网络风险预警，并取得了重要成就。而当前对于资金担保链风险预警模型的研究尚少，且较少将上述几种典型模型运用到资金担保链风险预警中。因此，在未来研究中，可借鉴金融网络风险预警模型，基于典型模型，构建符合我国国情的资金担保链风险预警模型。各模型优缺点分析如表3-3所示。

表3-3　各模型优缺点分析

模型	优缺点	内容
KLR 信号法	优点	1. 用数理方法确定显著的指标，并确定各指标临界值 2. 非参数估计法，可以有效规避使用回归模型造成的误差而使模型准确性下降的风险 3. 可根据需要增添非常多的参数，但不会影响预警模型误差 4. 可以通过调整阈值大小吻合灵敏度需要
	缺点	1. 权数较小的指标包含的信息会被掩盖掉，影响精确性 2. 阈值确定困难 3. 孤立地看待指标，忽视了指标间的联动效应 4. 无法解释各种信号对结果的作用大小 5. 所需指标多，对指标要求严格，多统计数据不完善的情况难以使用 6. 信号的门槛是一个固定的值，对于已发生但没有超过门槛的危机，不会发出信号
	适用领域	金融风险 银行业系统性风险 货币危机 资本流动风险 企业财务风险
Logit 模型	优点	1. 输出的是平滑的结果，可以运用 AUROC 指标来甄别更好的模型 2. 可以通过求导分析每一指标的作用 3. 可通过回归为所有解释变量赋权，增加有效指标解释力度，提高预警能力 4. 适应可用指标数量较少的情况 5. 指标的作用效率可根据回归结果排序 6. 可以采用相同指标，比较不同情况 7. 既可在样本内进行预测，又可对样本外数据进行预测

续表

模型	优缺点	内容
Logit 模型	缺点	1. 存在后危机倾向缺陷，危机与非危机区间不存在过渡时期 2. 在多指标参与情况下，作为回归模型不能承担太多自由度的损失，可能造成多指标不显著的局面 3. 只能输出一个危机可能性，不能对不同指标给出具体危机门槛 4. 较难通过孤立的案例识别各指标特征，造成模型误差
	适用领域	企业、商业银行信用风险 金融风险 外汇风险 企业财务风险 房地产市场风险 企业、个人、涉农贷款风险
BP 神经网络模型	优点	1. 拥有迅速锁定最优方案的能力 2. 拥有联想储存功能 3. 拥有融合数据的能力 4. 拥有多变量的系统 5. 拥有自学习和自适应能力 6. 对指标要求低 7. 有较高的容错能力 8. 具有较强的非线性映射能力，适合于求解内部机制复杂的问题 9. 不必基于假设
	缺点	1. 受初始权值和阈值的约束，陷入局部最优，无法逼近期望输出 2. 学习速度慢，收敛速度慢 3. 网络结构的选择尚无一种统一而完整的理论指导 4. 容易陷入局部极小值 5. 难以解决实例规模与网络规模的矛盾问题 6. 无法解决预测能力和训练能力的矛盾问题，可能出现"过拟合"现象 7. 样本依赖性问题，问题中较难选取典型样本实例组成训练集

续表

模型	优缺点	内容
BP 神经网络模型	适用领域	融资风险 企业信用风险 网贷市场风险 地方政府债务风险 供应链金融风险 银行信贷风险
灰色系统理论	优点	1. 适用于统计信息或有效信息不足的情况 2. 不会因样本量多少、有无显著规律而影响结果 3. 不需要大量样本 4. 样本不需要有规律性分布 5. 计算工作量小 6. 定量分析结果与定性分析结果不会不一致 7. 可用于 Recent、短期、中长期预测 8. 灰色预测准确度高
	缺点	1. 数据间不确定关系，使模型丧失一部分精确性 2. 数据离散程度较大时，预测精度相对较差 3. 不具有规范性 4. 不具有一致性，数据相差较小的关联度必大于相差较大的 5. 具有序数效应 6. 难以体现数据轻重程度 7. 不能合理地体现出相关的正负性
	适用领域	信用、信贷风险 投资风险 人力资本管理 知识、科技管理
支持向量机模型	优点	1. 能够克服"维数灾害"和"过学习"问题 2. 适用小样本、高纬度、非线性的问题解决 3. 泛化能力强 4. 收敛到全局最优 5. 有利于帮助抓住关键样本、"剔除"大量冗余样本 6. 具有较好的"鲁棒"性
	缺点	1. 对大规模训练样本难以实施 2. 解决多分类问题存在困难 3. 对参数和核函数选择敏感

模型	优缺点	内容
支持向量机模型	适用领域	系统性金融风险 网贷信用风险 企业、个人信用风险 企业财务管理 股票市场

本章小结

本章的研究成果：

第一，建立了资金担保链风险预警指标体系与风险仿真模型。

第二，梳理了金融网络风险预警指标。

第三，讨论了金融网络风险不同预警模型的优缺点和适用领域。

本章的研究发现：

第一，资金担保链风险预警指标体系包括：财务风险、道德风险、市场风险、在保业务，金融网络风险预警指标中的宏观经济指标也是资金担保链风险预警的重要参考指标。

第二，风险传染仿真模型包括 SIR（SIRS）模型和熵空间模型，而 SIR（SIRS）模型更适合资金担保链风险传染仿真研究。金融网络风险预警模型中，影响范围广、可操作性强且得到广泛认可的有以下几种："信号法"（KLR 模型）、Logit 回归模型、BP 人工神经网络模型、灰色系统理论、支持向量机模型等。

第4章 资金担保链担保期限和担保金额监测分析

担保期限与担保金额是企业参与担保与被担保的两个必要条件，通过对担保企业与被担保企业相应的担保期限与担保金额研究，对国家及地方政府预防担保网络内的风险传染、制定相关防范政策具有积极意义。

我们搜集了2014~2019年中国担保网络被担保企业担保金额与担保期限的相关数据与2008~2019年担保企业担保金额与担保期限的相关数据进行了描述性统计，并对正常企业与ST企业进行比较分析，同时也对担保网络内外企业创新效率的均值进行差异性分析。其中，我们选择了全部A股的上市公司，由于金融业公司以金融业务为主，其担保情况与其他公司差异较大，我们剔除了金融行业。最后，为了剔除异常值的影响，我们对模型中的连续变量在1%和99%的水平上进行了缩尾处理。

我们将中国31个省份划分为华东地区、华南地区、华中地区、华北地区、西北地区、西南地区和东北地区，共七个地区。其中，华东地区包含山东、江苏、安徽、浙江、福建、上海；华南地区包含广东、广西、海南；华中地区包含湖北、湖南、河南、江西；华北地区包含北京、天津、河北、山西、内蒙古；西北地区包含宁夏、新疆、青海、陕西、甘肃；西南地区包含四川、云南、贵州、西藏、重庆；东北地区包含辽宁、吉林、黑龙江。对不同年份、不同地区和省份担保网络内被担保企业和担保企业的担保金额和担保期限的均值进行比较分析。

4.1　2014~2019 年资金担保链被担保企业分析

我们对 2014~2019 年资金担保链的被担保企业数据进行整理，剔除了数据缺失的样本，得到担保期限样本观测值和担保金额样本观测值情况如下。

担保期限样本观测值：通过对 2014~2019 年全国资金担保链被担保正常企业和 ST 企业的担保期限进行监测统计，得到的企业数量如表 4-1 所示。

表 4-1　全国担保网络内被担保正常企业和 ST 企业数量统计　　单位：家

企业类型	企业数量统计
正常企业	8273
ST 企业	173

资料来源：根据国泰安数据库 2014~2019 年资料计算整理所得。

通过对 2014~2019 年全国资金担保链各地区被担保的正常企业担保期限进行监测统计，得到的企业数量如表 4-2 所示。

表 4-2　资金担保链各地区被担保正常企业数量统计　　单位：家

地区	企业数量	地区	企业数量
华东地区	2587	西南地区	642
华中地区	912	东北地区	308
华北地区	1359	西北地区	449
华南地区	2016		

资料来源：根据国泰安数据库 2014~2019 年资料计算整理所得。

担保金额样本观测值：通过对 2014~2019 年全国资金担保链被担保正常企业和 ST 企业的担保金额进行监测统计，得到的企业数量如表 4-3 所示。

表 4-3　全国资金担保链被担保正常企业和 ST 企业数量统计　　单位：家

企业类型	企业数量
正常企业	10707
ST 企业	145

资料来源：根据国泰安数据库 2014~2019 年资料计算整理所得。

通过对 2014~2019 年全国资金担保链各地区被担保正常企业的担保金额进行监测统计，得到的企业数量如表 4-4 所示。

表 4-4　资金担保链各地区被担保正常企业数量统计　　　　　单位：家

地区	企业数量	地区	企业数量
华东地区	3780	西南地区	872
华中地区	1408	东北地区	308
华北地区	1517	西北地区	776
华南地区	2046		

资料来源：根据国泰安数据库 2014~2019 年资料计算整理所得。

4.1.1　基本情况分析

一方面，对近年来全国资金担保链被担保正常企业担保期限和担保金额分析的数据进行描述性统计，得到担保期限和担保金额分析的统计如表 4-5 所示。

表 4-5　被担保正常企业的担保期限和担保金额分析

单位：年，万元

变量	N	均值	标准差	最小值	中位数	最大值
担保期限	8273	2.330	2.560	1	2	20
担保金额	10707	19440	32374	300	8000	200000

资料来源：根据国泰安数据库 2014~2019 年资料计算整理所得。

另一方面，对近年来全国资金担保链被担保 ST 企业担保期限和担保金额分析的数据进行描述性统计，得到担保期限和担保金额分析的统计如表 4-6 所示。

表 4-6　被担保 ST 企业的担保期限和担保金额分析

单位：年，万元

变量	N	均值	标准差	最小值	中位数	最大值
担保期限	173	1.910	1.060	1	2	10
担保金额	145	8365	13963	300	3600	106100

资料来源：根据国泰安数据库 2014~2019 年资料计算整理所得。

通过对担保网络内被担保企业担保期限和担保金额的分析可以发现，担保网络内被担保中的正常企业的被担保期限均值为 2.330 年，最大担保年限与最小担保年限差异比较大，有 19 年的极差，ST 企业的担保年限均值为 1.910 年，被担保企业中的正常企业的担保年限要大于 ST 企业。从担保金额来看，被担保企业的担保金额的均值更大，与 ST 企业担保金额的均值差值为 11075 万元，被担保企业中正常企业接受的担保金额更高，而从担保金额标准差可以看出，正常企业之间、ST 企业之间的被担保金额差异巨大。

4.1.2   时间趋势分析

由于 2008~2013 年数据缺失较为严重，对 2014~2019 年资金担保链被担保正常企业担保期限和担保金额的数据进行描述性统计，得到担保期限和担保金额指标的统计如表 4-7 所示。

表 4-7   2014~2019 年被担保正常企业的担保期限和担保金额统计

单位：年，万元

年份	担保期限	担保金额	年份	担保期限	担保金额
2014	1.716	26866.019	2017	1.879	26147.796
2015	1.902	23685.559	2018	2.207	17356.978
2016	1.784	22644.484	2019	2.560	20135.608

资料来源：根据国泰安数据库 2014~2019 年资料计算整理所得。

从 2014~2019 年资金担保链被担保企业的担保期限来看，大致呈现出上升趋势，2014~2015 年波动幅度不大，从 2016 年开始逐年直线上升，到 2019 年达到峰值。说明被担保企业的担保年限一直在增长。从 2014~2019 年资金担保链被担保企业的担保金额来看，2014~2016 年表现出缓慢下降的趋势，虽然到了 2016 年担保金额有所回升，但是 2017 年又呈断崖式下降，降到了最低点，到了 2019 年又有所上升。总体来说波动幅度较大，呈现出下降的趋势（见图 4-1）。

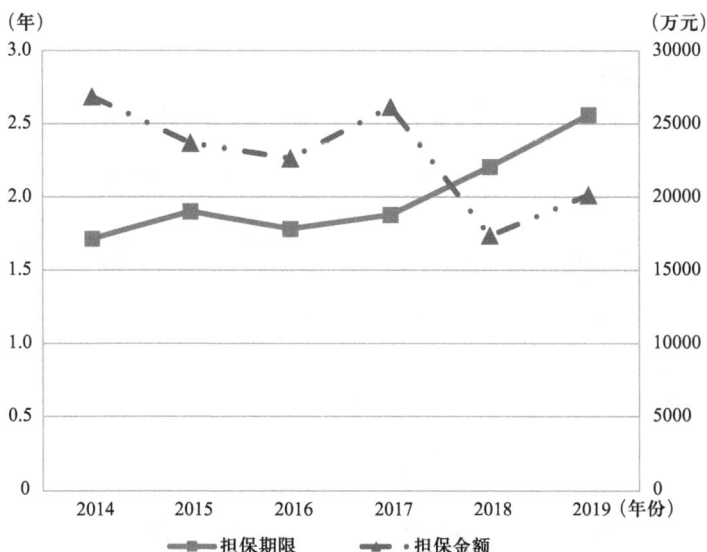

图 4-1   2014~2019 年资金担保链被担保正常企业担保期限和担保金额变化趋势

资料来源：根据表 4-7 绘制所得。

4.1.3 空间差异分析

4.1.3.1 按照地理区域

对近年来资金担保链被担保正常企业担保期限和担保金额的数据进行描述性统计，得到各地区担保期限和担保金额指标的统计如表4-8所示。

表4-8 各地区被担保企业的担保期限和担保金额

单位：年，万元

地区	担保期限	担保金额	地区	担保期限	担保金额
华东地区	2.167	19053.800	西南地区	2.386	25405.971
华中地区	3.188	14692.261	东北地区	2.226	25630.040
华北地区	2.577	18778.881	西北地区	1.854	18581.917
华南地区	2.084	20759.323			

资料来源：根据国泰安数据库2014~2019年资料计算整理所得。

从各地区被担保企业的担保期限和担保金额来看，在担保期限指标中，华中地区平均最高，为3.188，远高于最低值西北地区的1.854，其他地区均在2~2.6浮动，差异不大。在担保金额指标中，东北地区和西南地区的担保金额较高，均在25000万元以上，华中地区虽然担保期限最长，但是担保金额却最小，极差较大，其他地区在20000万元左右，差异并不大。

4.1.3.2 按照省份

对近年来资金担保链被担保正常企业担保期限和担保金额的数据进行描述性统计，得到各省份担保期限和担保金额指标的统计如表4-9所示。

表4-9 各省份被担保企业的担保期限和担保金额

单位：年，万元

省份	担保期限	担保金额	省份	担保期限	担保金额
北京	2.983	17525.213	湖南	1.858	12188.515
天津	1.803	16990.117	江西	1.354	9041.522
河北	2.294	27391.862	山东	1.918	27756.541
山西	2.129	21191.250	安徽	3.698	15846.608
内蒙古	1.256	16052.778	江苏	1.782	15967.757
河南	1.657	27264.047	浙江	2.766	21518.658

续表

省份	担保期限	担保金额	省份	担保期限	担保金额
湖北	4.326	15387.418	上海	2.176	12658.163
福建	1.903	26252.954	四川	2.196	18041.885
广东	2.09	20794.763	云南	2.613	21283.051
广西	2.304	21317.073	贵州	1.714	14784.717
海南	1.545	18574.129	西藏	2.000	28700.000
宁夏	2.000	13077.600	重庆	2.496	34753.481
新疆	1.718	21492.871	辽宁	2.016	22756.250
青海	2.000	13421.258	吉林	2.388	22435.034
陕西	1.882	18864.752	黑龙江	2.333	27586.667
甘肃	1.992	14852.238			

资料来源：根据国泰安数据库 2014~2019 年资料计算整理所得。

通过对各省份被担保企业中正常企业的担保期限和担保金额进行分析可以发现，在担保年限中，平均被担保年限最长的是湖北省的企业，为 4.326 年，最短的是内蒙古的企业，为 1.256 年，而全国各省份中的企业被担保年限的差异比较大，但都在 1~5 年。在担保金额中平均被担保金额最大的是重庆，为 34753.481 万元，最小的是江西的企业，为 9041.522 万元，每个省份被担保的正常企业的被担保金额差异也比较大。

4.2　2008~2019 年资金担保链担保企业分析

通过对 2008~2019 年全国资金担保链担保方正常企业和 ST 企业的担保期限和担保金额进行监测统计，得到的企业数量如表 4-10 所示。

表 4-10　全国资金担保链担保方正常企业和 ST 企业数量统计　　单位：家

企业类型	数量统计
正常企业	231579
ST 企业	4821

资料来源：根据国泰安数据库 2008~2019 年资料计算整理所得。

通过对 2008~2019 年全国资金担保链各地区担保方正常企业的担保期限和担保金额进行监测统计，得到的企业数量如表 4-11 所示。

表 4-11　各地区资金担保链担保方正常企业数量统计　　　　单位：家

地区	企业数量	地区	企业数量
华东地区	93232	西南地区	19135
华中地区	21485	东北地区	9802
华北地区	34528	西北地区	13236
华南地区	40161		

资料来源：根据国泰安数据库 2008~2019 年资料计算整理所得。

4.2.1　基本情况分析

一方面，对近年来全国资金担保链正常企业担保方担保期限和担保金额分析的数据进行描述性统计，得到担保期限和担保金额分析的统计如表 4-12 所示。

表 4-12　担保方正常企业的担保期限和担保金额

单位：年，万元

变量	N	均值	标准差	最小值	中位数	最大值
担保期限	170000	26.02	29.08	2.17	12.00	179.70
担保金额	170000	33000	74000	18.30	9000	500000

资料来源：根据国泰安数据库 2008~2019 年资料计算整理所得。

另一方面，对近年来全国资金担保链担保方 ST 企业担保期限和担保金额分析的数据进行描述性统计，得到担保期限和担保金额分析的统计如表 4-13 所示。

表 4-13　担保方 ST 企业的担保期限和担保金额

单位：年，万元

变量	N	均值	标准差	最小值	中位数	最大值
担保期限	4086	23.01	26.26	2.17	12.00	179.70
担保金额	2341	29000	57000	18.30	6000	500000

资料来源：根据国泰安数据库 2008~2019 年资料计算整理所得。

通过对担保企业担保期限、担保金额的分析可以发现，担保企业中正常企业的平均担保期限为 26.02 年，ST 企业平均担保期限为 23.01 年，正常企业的担保时间更长。从担保金额来看，正常企业的平均担保金额为 33000 万元，ST 企业的平均担保金额为 29000 万元，且正常企业的担保金额标准差为 74000，ST 企业的标准差为 57000，说明正常企业之间、ST 企业之间担保的金额不尽相同且差异巨大。可以看出，担保中正常企业在担保期限和担保金额方面都比 ST 企业大，这也与正常企业资产等状况良好有关。

4.2.2　时间趋势分析

对 2008~2019 年资金担保链担保方正常企业的担保期限和担保金额的数据进行描述性统计，得到担保期限和担保金额指标的统计表，如表 4-14 所示。

表 4-14　担保方正常企业的担保期限和担保金额统计

单位：年，万元

年份	担保期限	担保金额
2008	18.338	12290.925
2009	22.722	12578.458
2010	24.053	16004.433
2011	24.574	18338.422
2012	25.208	24658.540
2013	24.786	24686.589
2014	25.205	30536.494
2015	25.549	30414.359
2016	25.919	34949.112
2017	25.767	38000.774
2018	27.167	40613.401
2019	31.045	42039.975

资料来源：根据国泰安数据库 2008~2019 年资料计算整理所得。

从担保企业的担保期限走势来看，呈现出两头增长速率较快、中间部分增长速率较慢的趋势。即 2008~2010 年以及 2017 年之后增长较快，中间年份波动幅度较小，总体来看呈现上升的趋势，说明担保企业的担保期限是逐年上升的，到 2019 年上升到了最高点，为 31 年左右。担保企业的担保金额总体呈现出较快增长的趋势。除 2013 年和 2015 年出现了不增长甚至下降的状态之外，其他年份均稳定增长，2012 年的增长幅度较大，到 2019 年达到峰值（见图 4-2）。

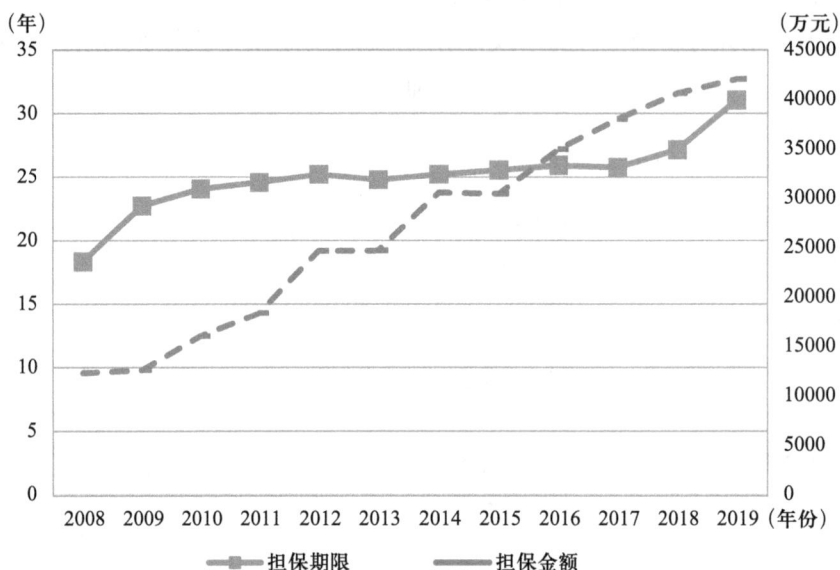

图 4-2 2008~2019 年资金担保链担保正常企业担保期限和担保金额变化趋势

资料来源：根据表 4-14 绘制所得。

对 2008~2019 年资金担保链担保方 ST 企业担保期限和担保金额的数据进行描述性统计，得到担保期限和担保金额指标的统计表，如表 4-15 所示。

表 4-15 担保方 ST 企业的担保期限和担保金额统计

单位：年，万元

年份	担保期限	担保金额	年份	担保期限	担保金额
2008	14.824	12424.873	2014	32.767	34551.808
2009	19.588	8192.341	2015	28.214	21200.909
2010	23.176	9857.548	2016	29.259	25093.652
2011	19.918	7585.935	2017	24.818	74029.557
2012	20.153	10993.385	2018	21.034	22794.014
2013	19.037	23722.911	2019	24.684	39814.538

资料来源：根据国泰安数据库 2008~2019 年资料计算整理所得。

　　相较于正常企业来说，ST 企业担保期限并没有呈现出一个明显的上升趋势，其大致是一个先上升后下降的过程，2008~2010 年在逐年上升，2011~2013 年几乎无大的变化，2014 年猛增之后开始下滑，到 2019 年有所回升，总体来说浮动较大。ST 企业的担保金额波动幅度较大，前几年一直小范围浮动，变化不大，到了 2012 年之后开始上升，之后有所下降，到 2017 年担保金额达到了最高点，2018 年又呈现出急剧下降的趋势（见图 4-3）。

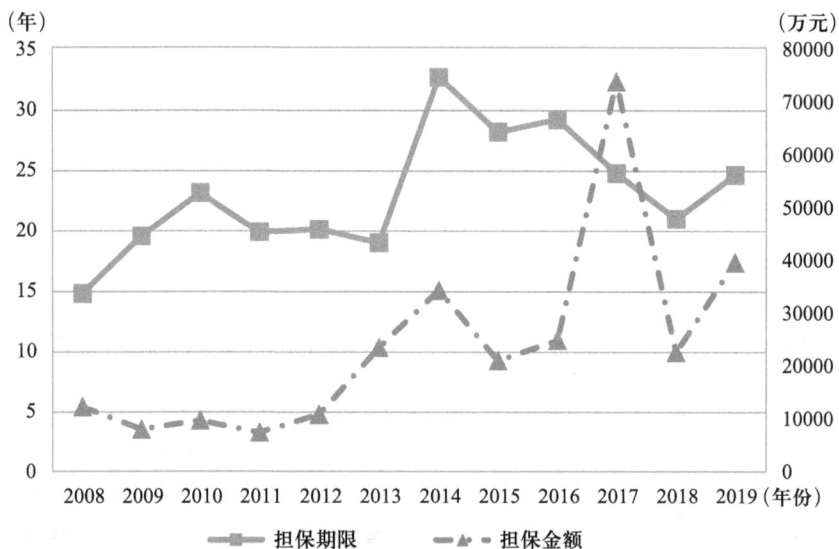

图 4-3　2008~2019 年资金担保链担保 ST 企业担保期限和担保金额变化趋势
资料来源：根据表 4-15 绘制所得。

4.2.3　空间差异分析

4.2.3.1　按照地理区域

　　对近年来资金担保链担保方正常企业担保期限和担保金额的数据进行描述性统计，得到各地区担保期限和担保金额指标的统计表，如表 4-16 所示。

表 4-16　各地区担保方企业的担保期限和担保金额

单位：年，万元

地区	担保期限	担保金额	地区	担保期限	担保金额
华东地区	22.61	32000	西南地区	26.23	28000
华中地区	24.71	26000	东北地区	25.83	27000

续表

地区	担保期限	担保金额	地区	担保期限	担保金额
华北地区	31.70	41000	西北地区	31.56	38000
华南地区	27.19	38000			

资料来源：根据国泰安数据库 2008~2019 年资料计算整理所得。

从各地区担保企业的担保期限来看，华北地区和西北地区的担保期限较长，均在 31 年以上，华东地区的担保期限最短，为 22.61 年，极值差异较大，其他地区在 24~27 年浮动。从各地区担保企业的担保期限来看，最高值仍为华北地区，已超过 40000 万元，最低值为华中地区，且华南地区和西北地区也处于较高的水平，西南地区和东北地区较低，各地区差异较大。华北地区的担保期限和担保金额都最高，说明其地区企业可能占据一定的重要地位。

4.2.3.2　按照省份

对近年来资金担保链担保方正常企业担保期限和担保金额的数据进行描述性统计，得到各省份担保期限和担保金额指标的统计表，如表 4-17 所示。

表 4-17　各省份担保方企业的担保期限和担保金额

单位：年，万元

省份	担保期限	担保金额	省份	担保期限	担保金额
北京	24.964	66000	广西	21.115	22000
天津	24.964	66000	海南	21.071	40000
河北	34.125	36000	宁夏	29.111	41000
山西	28.748	29000	新疆	40.211	52000
内蒙古	25.985	29000	青海	21.370	49000
河南	24.911	37000	陕西	20.764	31000
湖北	34.285	22000	甘肃	32.860	18000
湖南	18.434	26000	四川	20.634	18000
江西	18.048	18000	云南	33.434	35000
山东	27.493	37000	贵州	24.184	41000
安徽	22.002	14000	西藏	19.682	59000
江苏	21.685	31000	重庆	30.757	32000
浙江	19.570	33000	辽宁	28.477	32000
上海	25.226	33000	吉林	22.154	14000

续表

省份	担保期限	担保金额	省份	担保期限	担保金额
福建	22.482	39000	黑龙江	27.603	40000
广东	27.776	38000			

资料来源：根据国泰安数据库 2008~2019 年资料计算整理所得。

通过对各省份担保企业中正常企业的担保期限和担保金额进行分析可以发现，在担保年限中，平均担保年限最长的是新疆的企业，为 40.211 年，最短的是江西的企业，为 18.048 年，而全国各省份中的企业被担保年限的差异比较大，但多数省份的企业担保年限的均值在二十几年。在担保金额中平均被担保金额最大的是北京和天津的企业，均为 66000 万元，最小的是安徽和吉林的企业，均为 14000 万元，每个省份被担保的正常企业的被担保金额差异也比较大，除了北京、天津外，担保金额均值较大的省份为宁夏等经济较不发达省份。

本章小结

本章的研究成果：

第一，把担保网络中的被担保企业和担保企业分别作为研究对象，将中国资金担保链上市公司正常企业和 ST 企业的担保期限和担保金额总体基本情况进行分析对比。

第二，把担保网络中的被担保企业和担保企业分别作为研究对象，对中国资金担保链上市公司正常企业和 ST 企业的担保期限和担保金额进行时间趋势分析对比。

第三，把担保网络中的被担保企业和担保企业分别作为研究对象，对中国资金担保链上市公司的担保期限和担保金额在空间差异性方面进行了统计分析。

本章的研究发现：

第一，对于担保企业和被担保企业而言，均表现出正常企业的担保年限和担保金额都要远大于 ST 企业，这也与正常企业资产等状况良好有关。

第二，从被担保企业来看，在担保期限指标中，华中地区虽然担保期限最长，但是担保金额却最小，在担保金额指标中，东北地区和西南地区的担保金额较高，各省份的担保金额和担保期限都差异较大。

第三，从担保企业来看，2008~2019 年其担保金额和担保期限一直呈上升趋势，而且华北地区的担保期限和担保金额最高，说明其地区企业可能占据一定的重要地位，各地区差异较大。全国各省份中的企业担保年限的差异比较大，其中担保年限最长的是新疆，最短的是江西。在担保金额中平均被担保金额最大的是北京和天津，最小的是安徽和吉林，每个省份金额差异也比较大。

第5章 资金担保链网络结构特征
监测分析

担保网络以企业为节点，以企业间的担保关系为节点间的连线，清晰地刻画了企业间的担保关系。然而，随着担保网络向着大规模、复杂化发展，政府和银行对担保网络的监控也愈发困难：错综复杂的担保关系不仅能够隐蔽资金担保隐患，而且一旦这种隐患暴露，其造成的系统性风险将会被进一步放大。为了更好地把握担保网络的拓扑结构，实现对担保网络结构特征的有效监测，学者将复杂网络理论引入到担保网络的研究中。例如，能够反映担保网络密度的平均最短路径长度和平均聚类系数指标，能够反映网络节点结构重要性的度中心度（朱大智等，2006）、接近中心度（Sabidussi，1966）和中间中心度（Goh等，2003）指标。

为了探究中国担保网络拓扑结构特征和发展趋势，我们收集了2008~2019年中国担保网络的数据。通过 Gephi 软件和 Python 中的 networkx 模块计算担保网络的平均最短路径长度、平均聚类系数、度中心度、接近中心度和中间中心度指标，并且对网络结构特征和网络节点的结构特征进行了描述性统计。其中，非上市公司难以分辨其地区归属和公司性质，为了保持描述性统计的口径一致，我们剔除了非上市企业样本；由于金融业公司以金融业务为主，其担保情况与其他公司相比差异较大，为了避免极端值的影响，我们剔除了金融业公司。

5.1 复杂网络结构特征分析

复杂网络即高度复杂的网络，一般指节点数目庞大且连接复杂的网络。国内外关于复杂网络问题的相关研究最早可以追溯到"哥尼斯堡七桥问题"，瑞士数学家 Eular 针对该问题开创了图论学科，其主要思想为网络结构决定网络性质。之后网络的小世界、无标度等特性的发掘对复杂网络的拓扑结构以及结构特征的研究产生了重大影响。近年来，随着对复杂系统以及复杂网络认识的不断深入，很多学者在交通、互联网、经济、社会关系等多个领域从不同视角对复杂网络问题进行了研究（周涛等，2014）。

5.1.1 复杂网络的拓扑结构指标

作为复杂系统的一般抽象方式和结构形态，复杂网络主要表示了整个系统的拓扑结构特征。20 世纪中叶，匈牙利数学家 Erdos 和 Renyi 提出随机图理论，并建立了 ER 模型。用随机图描述网络拓扑结构的思想被认为是开辟复杂网络研究的标志。

随后，很多学者构造了平均路径长度、聚类系数、度分布、中心性以及 k-核等指标来度量复杂网络拓扑结构（杨珉等，2014）。其中影响最为广泛的指标为平均路径长度、聚类系数以及度分布。平均路径长度和聚类系数主要度量节点之间联系的紧密程度。度分布作为复杂网络最为核心的宏观特征指标，主要通过构建网络中节点度的概率分布来反映节点连接边数的概率（朱大智等，2006）。在此基础上，部分学者刻画了衡量复杂网络中节点中心性特征的相关指标。Sabidussi（1966）通过构建节点接近中心性指标来衡量节点的拓扑中心程度。Goh 等（2003）刻画了节点的介数中心性和特征向量中心性来表征节点在网络中的重要程度。除上述衡量指标外，近年来，一些新的研究加深了人们对复杂网络的认识。Kitsak 等（2010）研究表明，在复杂网络传播过程中，传染力最强的点是 k-核值最大而非度最大的节点。而刘君和乔建忠（2015）则研究了 k-核与网络集聚系数之间的关系，发现高核对应的网络集聚系数较大。

5.1.2 复杂网络的结构特性

目前，很多学者对存在于不同领域的大量真实复杂网络拓扑结构特征进行了数理分析和实证研究，提出了小世界性、无标度性和自似性等复杂网络结构特性，并在此基础上建立了恰当的数学模型。

在当前的研究中，最能体现实际复杂网络结构特征的性质为小世界性和无标度性。Watts 和 Strogatz（1998）通过引入 WS 小世界网络模型，准确地刻画了规则网络到随机网络的转变。这种网络的度分布服从泊松分布，具有真实网络所兼具的高聚集系数和短平均路径距离的特性，即揭示了复杂网络的小世界特性，纠正了"复杂网络结构完全随机"的认知偏差。Barabasi 和 Albert（1999）认为真实网络的节点在不断增加且连接概率具有差异。通过分析大量现实的复杂网络结构，他们发现实际复杂网络的度分布服从一种幂律分布，进而发现了复杂网络的无标度特性。

小世界特性和无标度性的发现为后人进行复杂网络结构特征的研究提供了新的思路。Carlson 和 Doyle（1998）研究发现由于无标度网络度分布不均匀，其具有"鲁棒又脆弱"的特性。对此，许丹等（2006）对 BA 无标度网络模型进行优化，并提出局域世界网络演化模型。Xuan 等（2007）研究表明局域世界网络模型的度分布具有幂律特征。Gu 和 Sun（2008）通过改变连接概率值和局域范围构造了 LWD 模型。田立新等（2012）通过构造类局域世界模型来判断旧节点的承受能力以及是否添加新节点，进而发现在度值饱和度的限制条件下，节点择优连接具有相对均匀的度分布特性。

除上述网络演化模型外，网络节点间还有可能基于其共性特质进行连接，即网络结构的自似性（陶少华等，2008）。网络自似性指局部整体存在一定程度上的相似性（王江涛和杨建梅，2013）。正如小世界特征表明网络规模与网络平均特征长度呈指数函数关系，自似性则呈一种幂律关系。张嗣瀛（2006）指出，自组织在幂律的支配下可以保持有序的演化，进而出现层层相似的自似性结构。对此，Song 等（2005）发现社会网络、万维网等实际网络系统的长度标度结构具有相似性。

5.1.3　金融市场复杂网络结构特征

随着复杂网络研究的不断深入以及现代经济金融体系内关联复杂程度的不断提升，国内外越来越多的学者将复杂网络技术应用于金融市场的研究，把金融市场看作一个由众多节点构成的复杂网络。当前，关于金融市场网络结构特征的研究主要从股票市场网络、银行系统网络以及资金担保网络三个方面展开。

5.1.3.1　股票市场网络

作为金融市场的重要组成部分，股票市场一直是研究的热点与重点。很多学者通过构建不同模型研究发现股票市场的部分指标具有小世界性、长尾性以及无标度性等特征。

基于股票指标的复杂网络，张来军等（2014）根据股票市场网络模型的统计特征，研究发现股票收益率和成交量指标之间具有小世界性质，而市盈率指标不具有小世界性。在实证分析方面，马骏（2015）基于中国股票市场构建复杂网络，并通过时间窗口分析法对股市网络的演化进行分析，发现在萧条时期，我国股市相关性阈值的网络度分布不再服从幂律分布，但具有长尾特性；在繁荣时期，股市网络连边密度及其持续存在的可能性增加。宋凯（2018）通过构建股票网络的熵模型对股票关联网络的平均最短路径长度、集聚系数等性质进行分析，发现我国股票关联网络的结构特征之间具有显著的线性相关性。孙霄霓（2018）分别对中证 800 股市的出度网络和入度网络进行研究，发现其出度网络具有无标度特征，而入度网络不具有该特性。李岸等（2016）构建了收益率网络模型，并发现我国股票收益率联动网络具有小世界特性。惠宝锋等（2018）运用复杂网络技术对上证 A 股市场进行研究，得出上证股票网络具有无标度特性，并在此基础上借助股票持有的幂分布性质对股票间相关关系进行分析。

5.1.3.2　银行系统网络

银行系统是整个金融体系的核心组成部分，研究银行系统网络的结构性特征有利于规避银行业的系统性风险。

国外部分学者从小世界性、结构层级以及无标度性等方面对不同国家银行系统网络拓扑结构进行研究。奥地利银行具有小世界网络结构特征（Boss 等，2004）。而德国和芬兰银行网络分别呈现双层、三层网络结构，且最上层银行均为大型旗舰银行（Upper 和 Worms，2004）。关于网络结构的无标度性，Cont 等（2013）研究表明巴西银行网络可用无标度网络来刻画。综上所述，可以发现不同国家的银行系统网络拓扑结构具有异质性。

国内也有大量学者从幂律度分布、中心结构特性以及无标度特性等角度对银行系统网络结构特性进行深入研究。万阳松（2007）发现银行网络具有双幂律度分布的特征，并基于此提出了双幂律银行网络结构模型。陈少炜和李旸（2016）研究发现在互补累积分布双对数图中，我国银行网络入度、出度及节点度呈现衰减趋势，进而在一定程度上验证了我国银行网络结构特征存在幂律特征。李智和牛晓健（2017）构建了银行间内生网络模型，发现其具有货币中心结构特性。邹婷（2019）对银行系统性风险与银行信用网络进行了系统分析，发现两者存在"U"形函数关系。王超等（2019）对持有共同资产的银行建立间接网络，并发现该网络具有小世界性和无标度网络特性。

关于银行网络结构的局部特征及系统重要节点，国内学者通过矩阵、金融网络模型等方法研究发现大型国有银行、商业银行等在我国银行系统中具有重要地位。马君潞等（2007）、高国华和潘英丽（2012）等通过构建矩阵对我国银行体系网络进行研究，发现我国形成了以大型国有银行为中心的银行系统网络。贾彦东（2011）基于金融网络模型风险机制发现四大国有银行的系统重要性最大，大型商业银行、部分股份制商业银行和国家开发银行在风险传播中居于核心地位。邢春娜（2019）基于银行资产负债数据构建网络，发现我国形成了以大型国有银行为中心的银行系统网络。

5.1.3.3　资金担保网络

在信贷市场中，银行和企业之间的信息不对称问题普遍存在。在经济下行周期，这种信息不对称会加剧中小企业融资难问题。此时，担保作为企业一种特殊的增信措施会在一定程度上提高信贷市场的资源配置效率。担保网络以企业为节点，以企业间的担保关系为节点间的连线，清晰地刻画了企业间的担保关系。

近年来，越来越多的学者运用复杂网络技术从小世界、无标度性、异配性以及多层担保网络等方面对担保网络结构特征进行研究。张乐才和刘尚希（2013）研究发现企业资金担保网络具有集散性和相对性特征：一方面，融入资金担保网络的企业网络具有中心外围的担保特征；另一方面，资金担保网络中企业的中心度具有差异性。罗刚等（2015）研究发现担保网络具有小世界及无标度特征。吉艳冰等（2014）分别对担保网络结构特征进行定性和定量分析，发现担保网络具有小世界和无标度特征，而且与社会网络不同，担保网络的节点度具有异配性，节点的度与节点核数、介数间无明显的相关性。王维安等（2019）基于温州企业担保网络的真实数据，研究发现温州担保网络具有无标度性和"鲁棒又脆弱性"，并且该网络中存在明显的系统重要性企业。Li 和 Wen（2017）通过建立三层（责任担保层、保证担保层及一般保证层）担保网络模型，研究发现我国担保网络具有异配性特征。在此基础上，李守伟等（2018）研究发现相邻两年的同层担保网络结构相对稳定。而关于担保网络中介中心度，他指出不同层网络的中介中心度有较弱的正向关系，且不同时间下同一层网络的最高中介中心度点并不相同。

5.1.4 小结

在我国特有的经济制度背景下，随着金融市场的发展，担保网络这一极具特色的金融现象应运而生。因此，当前对担保网络的研究不多，尤其是国外，但是国内外金融市场（股票市场、银行系统）网络研究较为丰富，对本书具有较强的借鉴价值。

当前研究对资金担保网络中关键企业、链路的识别研究较少。在股票市场以及银行系统网络的研究中均有指出网络中的关键银行、企业具有核心地位和重要作用。担保网络也是如此。随着我国担保网络日渐复杂、担保问题频发，识别关键链路及企业对整体把控系统网络特征以及研究风险传染路径进而建立风险预防机制等多方面具有重要作用。与股票市场、银行系统网络相比，当前资金担保网络的研究尚处于初步阶段，经典的网络理论也并未刻画出处于不同网络位置的企业所受影响的差异性。因此，本章将借鉴前人对于股票市场、银行系统等网络的研究方法，基于复杂网络理论和相关指标来识别担保网络中的特殊企业和关键链路，为日后对担保网络风险传染、预警机制等方面的研究奠定基础。

5.2 资金担保链网络结构特征监测分析

5.2.1 平均最短路径长度

平均最短路径长度（Average Shortest Path Length）是指某个网络中任何两个节点从一方出发到达另一个点要经过的最短距离的均值。平均最短路径长度主要用来衡量网络的传输效率，其数值越小，代表网络中任意两个节点连接的距离越小，网络的效率越高，反之，效率越低。

表5-1统计了全国及地区网络平均最短路径长度的均值。从时间序列的纵向对比来看，在全国范围内，2008~2016年网络平均最短路径长度均值逐年下降，从0.253下降为0.157，2017~2019年网络平均最短路径长度均值有所回升，从0.157上升为0.192。在各地区范围内，各地区的担保网络平均最

短路径长度均值在 2008~2016 年不断下降，之后有所回升。这表明，在担保网络发展初期，加入网络的企业数量不多，网络效率较高。随着加入担保网络的企业越来越多，网络效率有所下降，2017 年后，担保网络的结构有所优化，网络效率回升。从各地区范围的横向对比来看，各地区担保网络平均最短路径长度均值差异不大。这表明，各地区的担保网络的网络效率的差异较小。

表 5-1　全国及地区网络平均最短路径均值统计

年份	全国	华东地区	华南地区	华中地区	华北地区	西北地区	西南地区	东北地区
2008	0.253	0.253	0.247	0.259	0.248	0.255	0.262	0.255
2009	0.213	0.208	0.213	0.200	0.230	0.191	0.229	0.228
2010	0.200	0.197	0.201	0.189	0.211	0.180	0.218	0.200
2011	0.193	0.193	0.188	0.191	0.191	0.181	0.211	0.195
2012	0.184	0.184	0.186	0.187	0.180	0.166	0.195	0.182
2013	0.171	0.172	0.176	0.171	0.170	0.155	0.176	0.166
2014	0.167	0.163	0.175	0.172	0.175	0.153	0.164	0.162
2015	0.164	0.160	0.177	0.175	0.166	0.150	0.154	0.158
2016	0.157	0.153	0.168	0.166	0.159	0.144	0.149	0.156
2017	0.157	0.154	0.165	0.164	0.156	0.141	0.151	0.165
2018	0.197	0.194	0.209	0.187	0.191	0.181	0.202	0.218
2019	0.192	0.184	0.207	0.180	0.186	0.185	0.211	0.220

资料来源：根据国泰安数据库 2008~2019 年资料计算整理所得。

为了对比不同地区平均最短路径长度均值的变化趋势，我们统计了每年各地区平均最短路径长度均值的增长率并绘制了全国及地区网络平均最短路径均值增长率趋势图，如表 5-2 和图 5-1 所示。具体计算方法为：（本年的平均最短路径长度均值 - 上年平均最短路径长度均值）/ 上年平均最短路径长度均值。其中，2009~2017 年增长率几乎全部为负数，而 2017~2019 年，大部分地区的增长率为正数，这进一步表明，担保网络发展初期的网络效率较高，随着加入担保网络的企业越来越多，网络效率有所下降，2017 年后担保网络的结构有所优化，网络效率回升。

表 5-2　全国及地区网络平均最短路径均值增长率统计　　　　单位：%

年份	全国	华东地区	华南地区	华中地区	华北地区	西北地区	西南地区	东北地区
2008	—	—	—	—	—	—	—	—
2009	−15.642	−17.675	−13.703	−22.628	−7.177	−24.999	−12.674	−10.594
2010	−6.451	−5.612	−6.019	−5.644	−8.517	−5.990	−4.576	−12.530
2011	−3.477	−1.705	−6.423	1.076	−9.537	0.368	−3.485	−2.078
2012	−4.484	−4.539	−0.866	−2.099	−5.404	−8.012	−7.551	−7.071
2013	−6.944	−6.851	−5.493	−8.706	−5.628	−6.511	−9.503	−8.651
2014	−2.353	−4.915	−0.386	0.567	2.838	−1.184	−7.006	−2.542
2015	−1.908	−2.317	1.043	1.769	−5.395	−1.955	−6.149	−2.113
2016	−4.252	−4.423	−4.880	−5.293	−3.744	−3.997	−3.141	−1.577
2017	−0.218	0.665	−1.725	−0.885	−2.411	−2.607	1.680	5.887
2018	25.471	26.043	26.117	14.201	22.964	28.792	33.669	31.992
2019	−2.400	−4.813	−0.639	−3.697	−2.869	2.166	4.050	1.124

资料来源：根据国泰安数据库 2008~2019 年资料计算整理所得。

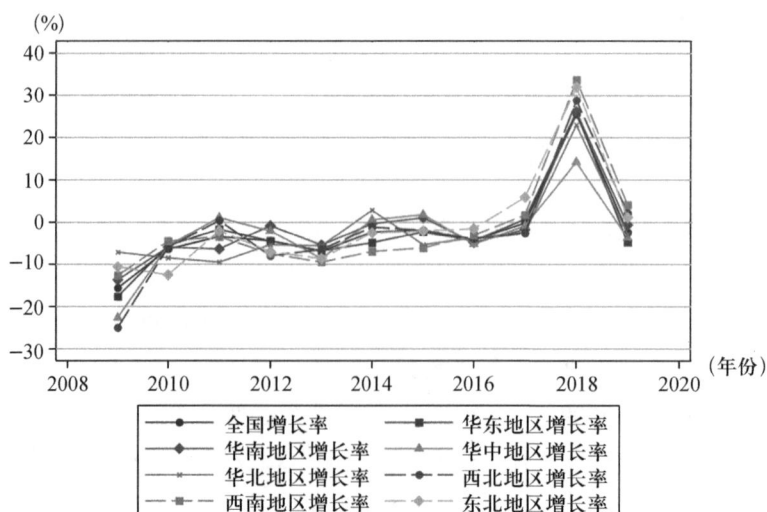

图 5-1　全国及地区网络平均最短路径均值增长率趋势

5.2.2　平均聚类系数

聚类系数（Clustering Efficient）是指某网络中节点 i 与 k 个其他节点相连，这 k 个点实际存在的连接（边）数 n，与这 k 个节点间最多可能的连接数为 k（k–1）/2 的比值，即 2n/k（k–1）。若聚类系数为 0，则表明网络中所有节点为孤立节点，没有任何连边。若聚类系数为 1，则表明网络中任意两个节点都相连，即该网络为全局耦合网络。平均聚类系数（Average Clustering Efficient）则描述一个网络的结构特征，即对该网络中所有节点的聚合系数求均值。若平均聚类系数越小，则表明网络节点度分布呈现为幂律分布，网络呈现出无标度性。

表 5–3 统计了全国及地区网络平均聚类系数的均值。从时间序列的纵向对比来看，在全国范围内，2008 年平均聚类系数的均值较小，甚至华东地区、华南地区、华北地区、西北地区和东北地区平均聚类系数的均值均为 0，这表明，在 2008 年担保网络节点度分布多呈现为幂律分布，网络呈现出较强的无标度性。在 2009 年网络平均聚类系数的均值有较大幅度的上升，之后其数值又不断下降，到 2019 年又有些许增长。总体而言，从平均聚类系数均值的绝对值来看，全国范围内的网络还是主要呈现出无标度的性质。

表 5-3　全国及地区网络平均聚类系数均值统计

年份	全国	华东地区	华南地区	华中地区	华北地区	西北地区	西南地区	东北地区
2008	0.00075	0.00000	0.00000	0.00384	0.00000	0.00000	0.00573	0.00000
2009	0.00252	0.00225	0.00068	0.00551	0.00396	0.00134	0.00418	0.00000
2010	0.00259	0.00274	0.00039	0.00531	0.00357	0.00104	0.00370	0.00041
2011	0.00192	0.00177	0.00023	0.00357	0.00270	0.00138	0.00399	0.00029
2012	0.00160	0.00133	0.00015	0.00221	0.00228	0.00238	0.00431	0.00016
2013	0.00147	0.00127	0.00012	0.00206	0.00204	0.00225	0.00390	0.00014
2014	0.00135	0.00109	0.00016	0.00195	0.00204	0.00172	0.00402	0.00012
2015	0.00118	0.00099	0.00012	0.00211	0.00177	0.00130	0.00328	0.00010
2016	0.00097	0.00082	0.00043	0.00175	0.00155	0.00117	0.00144	0.00008
2017	0.00089	0.00066	0.00092	0.00127	0.00144	0.00094	0.00115	0.00000
2018	0.00084	0.00078	0.00085	0.00116	0.00105	0.00087	0.00097	0.00000
2019	0.00111	0.00101	0.00148	0.00116	0.00143	0.00115	0.00078	0.00000

资料来源：根据国泰安数据库 2008~2019 年资料计算整理所得。

为了对比不同地区平均聚类系数均值的变化趋势，我们统计了每年各地区平均聚类系数均值的增长率，如表5-4所示。具体计算方法为：（本年的平均聚类系数均值 – 上年平均聚类系数均值）/ 上年平均聚类系数均值。我们发现，除2009年和2019年全国及各地区增长率大部分为正数外，其他年份大部分地区的增长率均为负数，这表明全国范围内担保网络的发展趋势主要向无标度的性质发展。

表 5-4　全国及地区网络平均聚类系数均值增长率统计　　　　单位：%

年份	全国	华东地区	华南地区	华中地区	华北地区	西北地区	西南地区	东北地区
2008	—	—	—	—	—	—	—	—
2009	234.469	—	—	43.494	—	—	−27.132	—
2010	2.556	21.905	−42.507	−3.595	−9.705	−21.782	−11.354	—
2011	−25.826	−35.440	−41.839	−32.858	−24.367	32.227	7.726	−30.088
2012	−16.645	−24.661	−33.449	−37.970	−15.652	72.004	7.932	−42.561
2013	−8.442	−4.914	−22.088	−6.771	−10.548	−5.174	−9.337	−17.667
2014	−8.044	−14.367	36.649	−5.512	−0.112	−23.559	3.048	−12.479
2015	−12.282	−8.556	−27.241	8.228	−13.259	−24.452	−18.542	−15.089
2016	−18.213	−17.308	270.999	−17.111	−12.051	−10.385	−56.129	−15.977
2017	−7.737	−19.360	113.355	−27.432	−7.026	−19.084	−20.325	−100.000
2018	−6.361	18.578	−8.243	−17.045	−27.342	−7.886	−15.274	—
2019	32.855	28.118	75.032	10.229	36.163	32.699	−19.232	—

资料来源：根据国泰安数据库2008~2019年资料计算整理所得。

5.3　资金担保链网络节点结构特征监测分析

5.3.1　网络节点结构特征的总体情况

我们对2008~2019年加入担保网络上市公司样本的网络结构特征指标进行了描述性统计。为了识别不同类型企业之间担保网络结构特征指标之间的差异，我们还检验了国有企业和非国有企业、ST企业和非ST企业之间的均值差异。

　　网络结构性指标包括入度、出度、度、加权入度、加权出度、加权度、接近中心度、中间中心度和聚类系数。入度（In-degree）表示该企业被其他企业担保的个数。出度（Out-degree）代表该企业为其他企业担保的个数。度（Degree）也称作度中心度（Degree Centrality），表示该企业与其他企业建立担保或被担保关系的数量，其数值等于入度加上出度。由于一年中，某一个企业可能会与同一个企业发生多次担保或被担保关系，因此，加权入度（Weighted In-degree）将该企业被某企业多次担保的次数作为权数计算的入度。加权出度（Weighted Out-degree）将该企业为某企业多次担保的次数作为权数计算的出度。加权度（Weighted Degree）则为加权出度加加权入度。接近中心度（Closeness Centrality）表示一个点到其他所有点的距离的总和，一个具有较高接近中心度的节点，表明这个点距离任何其他点都最近，在空间上体现为在中间位置，接近中心度越高，表明该企业在担保网络中的位置也越核心。中间中心度（Betweenness Centrality）也称作中介中心度，计算的是经过一个点的最短路径的数量。聚类系数（Clustering Efficient）考虑的是一个点的聚类程度，一个企业的聚类系数越大，表明该企业在担保网络中的位置越核心。

　　如表 5-5 所示，入度最小值为 0.00，最大值为 25.00，均值为 0.44，中位数为 0.00；出度的最小值为 0.00，最大值为 501.00，均值为 11.94，中位数为 6.00；度最小值为 1.00，最大值为 501.00，均值为 12.38，中位数为 7.00。入度、出度和度的分布是严重右偏的，这表明少数企业的度数较大，而大多数企业的度数较小。这间接表明担保网络的节点分布是幂律分布，担保网络呈无标度性。加权出度、加权入度和加权度的描述性统计也反映出少数企业的度数较大而大多数企业的度数较小的现象。接近中心度的最小值为 0.00，最大值为 7.27，均值为 1.09，中位数为 1.00；中间中心度的最小值为 0.00，最大值为 35658.50，均值为 27.01，中位数为 0.00；聚类系数最小值为 0.00，最大值为 1.00，均值为 0.00，中位数为 0.00。这都体现了担保网络节点的幂律分布特性和担保网络的无标度性。

表 5-5　网络节点结构特征描述性统计

结构特征指标	样本量	均值	标准差	最小值	中位数	最大值
入度	18122	0.44	1.066	0.00	0.00	25.00
出度	18122	11.94	22.483	0.00	6.00	501.00

续表

结构特征指标	样本量	均值	标准差	最小值	中位数	最大值
度	18122	12.38	22.734	1.00	7.00	501.00
加权入度	18122	3.17	15.012	0.00	0.00	572.00
加权出度	18122	75.56	147.264	0.00	29.00	2857.00
加权度	18122	78.73	154.606	1.00	30.00	3383.00
接近中心度	18122	1.09	0.409	0.00	1.00	7.27
中间中心度	18122	27.01	479.576	0.00	0.00	35658.50
聚类系数	18122	0.00	0.032	0.00	0.00	1.00

资料来源：根据国泰安数据库 2008~2019 年资料计算整理所得。

表 5-6 展示了所有样本根据国有企业和非国有企业分组后的均值统计及组间均值差异检验（t 检验）。就度分布指标而言，非国有企业的入度均值比国有企业多 0.086，且差异在 1% 水平上显著；国有企业的出度均值比非国有企业多 2.812，且差异在 1% 水平上显著；国有企业的度数均值比非国有企业多 2.726，且差异在 1% 水平上显著。这表明，与国有企业相比，非国有企业更多的是被担保，而国有企业更多为其他企业担保，并且国有企业的度数更高，其在网络中的位置更加核心。再分析加权的度分布指标，同样可以发现，除加权入度的组间均值差异不显著外，国有企业的加权出度和加权度的均值都比非国有企业大，这进一步表明，非国有企业更多的是被担保，而国有企业更多为其他企业担保，并且国有企业在网络中的位置更加核心。就接近中心度而言，国有企业比非国有企业多 0.021，且在 1% 水平上显著。国有企业的中间中心度均值比非国有企业小 12.458，且在 10% 水平上显著。国有企业的聚类系数均值比非国有企业多 0.003，且在 1% 水平上显著。除了中间中心度指标的组间均值差异不显著外，接近中心度和聚类系数指标的组间均值差异都显著，检验结果表明，国有企业在担保网络中的位置更加重要、更加核心。

表 5-6 网络节点结构特征均值差异检验：国有企业和非国有企业

varname	非国有企业		国有企业		
	obs（0）	mean（0）	obs（1）	mean（1）	mean-diff
入度	10344	0.476	7778	0.389	0.086***
出度	10344	10.736	7778	13.548	-2.812***
度	10344	11.212	7778	13.937	-2.726***

续表

varname	非国有企业		国有企业		
	obs（0）	mean（0）	obs（1）	mean（1）	mean-diff
加权入度	10344	3.128	7778	3.232	−0.104
加权出度	10344	67.432	7778	86.367	−18.935***
加权度	10344	70.561	7778	89.600	−19.039***
接近中心度	10344	1.079	7778	1.100	−0.021***
中间中心度	10344	32.353	7778	19.894	12.458*
聚类系数	10344	0.002	7778	0.004	−0.003***

注：国有企业为 1，非国有企业为 0。* 表示 $p < 0.10$，** 表示 $p < 0.05$，*** 表示 $p < 0.01$。

资料来源：根据国泰安数据库 2008~2019 年资料计算整理所得。

5.3.2　网络节点结构特征的组间差异

表 5-7 展示了所有样本根据 ST 企业和非 ST 企业分组后的均值统计及组间均值差异检验（t 检验）。就度分布指标而言，ST 企业和非 ST 企业之间的均值差异不显著；非 ST 企业的出度均值比 ST 企业多 3.424，且差异在 1% 水平上显著；非 ST 企业的度数均值非国有企业多 3.396，且差异在 1% 水平上显著。这表明，与非 ST 企业相比，ST 企业更多的是被担保，而非 ST 企业更多为 ST 企业担保，并且非 ST 企业的度数更高，其在网络中的位置更加核心。再分析加权的度分布指标。我们可以发现除加权入度的组间均值差异不显著外，非 ST 企业的加权出度和加权度的均值都比 ST 企业的大，这进一步表明，ST企业更多的是被其他企业担保，而非 ST 企业更多为其他企业担保，且非 ST 企业在担保网络中的位置更加核心。就接近中心度而言，ST 企业比非 ST 企业小0.082，且在 1% 水平上显著。中间中心度和聚类系数的组间均值差异不显著。

表 5-7　网络节点结构特征均值差异检验：ST 企业和非 ST 企业

varname	非 ST 企业		ST 企业		
	obs（0）	mean（0）	obs（1）	mean（1）	mean-diff
入度	17379	0.437	743	0.466	−0.028
出度	17379	12.083	743	8.659	3.424***
度	17379	12.521	743	9.125	3.396***
加权入度	17379	3.166	743	3.336	−0.170

续表

varname	非ST企业		ST企业		
	obs（0）	mean（0）	obs（1）	mean（1）	mean-diff
加权出度	17379	76.375	743	56.487	19.887***
加权度	17379	79.541	743	59.824	19.717***
接近中心度	17379	1.085	743	1.167	-0.082***
中间中心度	17379	27.364	743	18.622	8.742
聚类系数	17379	0.003	743	0.003	0.000

注：ST企业为1，非ST企业为0。* 表示 $p < 0.10$，** 表示 $p < 0.05$，*** 表示 $p < 0.01$。

资料来源：根据国泰安数据库2008~2019年资料计算整理所得。

本章小结

本章的研究成果：

第一，分别按照全国和各地理区域对中国上市公司担保网络的网络结构特征（包括网络平均最短路径和平均聚类系数）进行了统计分析。

第二，分别按照全国和各地理区域对中国上市公司担保网络的节点结构特征进行了统计分析。

第三，分别按照企业产权性质（国有企业和非国有企业）和是否为ST企业对中国上市公司担保网络的节点结构特征进行组间差异检验。

本章的研究发现：

第一，在担保网络发展初期，加入网络的企业数量不多，网络效率较高。随着加入担保网络的企业越来越多，网络效率有所下降，2017年后，担保网络的结构有所优化，网络效率回升。

第二，从各地区范围的横向对比来看，各地区担保网络的网络效率的差异较小。

第三，在全国范围内，担保网络节点呈现幂律分布，担保网络呈现无标度性。而且，全国范围内担保网络的发展趋势主要向无标度的性质发展。

第四，与国有企业相比，非国有企业更多的是被担保，而国有企业更多为其他企业担保，并且国有企业的度数更高，其在网络中的位置更加核心。

第五，与非ST企业相比，ST企业更多的是被担保，而非ST企业更多为ST企业担保，并且非ST企业的度数更高，其在网络中的位置更加核心。

第6章 资金担保链核心企业 识别与监测

担保作为一种增信方式逐渐成为众多企业获取信贷资源的重要途径。然而，一方面由于节点企业的抗风险能力较弱，另一方面受到地缘相近、同处一行业等同质性因素的影响，中小企业间资金担保链较容易造成区域性风险。温州、鄂尔多斯以及神木等民营金融较为活跃的地区频频发生担保"爆雷"事件，对区域金融稳定造成了恶劣影响。对此，政府和银行不断加强对资金担保链的准入管理和监督。然而，由于资源有限，政府和银行很难对资金担保链中的每一家企业进行监督，只能着重监管资金担保链中核心企业。因此，资金担保链核心企业的识别是政府和银行实行有效监督的关键所在——此举不仅会影响资金担保链中每一个企业的经营情况和未来发展，而且对提升整个资金担保链运行的稳定性和抗风险能力也具有重要意义。

基于上述认识，我们根据2015~2019年中国资金担保链的数据，计算了度数中心度、接近中心度、中介中心度以及聚类系数等多项指标，进行资金担保链核心企业的识别。基于识别结果，我们还对核心企业的时间趋势、上市情况、变动情况、企业性质、财务状况进行研究，并对核心企业与非核心企业进行了组间差异分析。

6.1 资金担保链核心企业识别指标

6.1.1 中心度分析

在复杂网络分析中，中心度分析十分重要，常常用来分析网络中节点的活跃性以及其在网络中的地位。因此，为了识别资金担保链中的核心企业，我们主要计算了中心度分析中的三个网络中心度指标：度数中心度（Degree Centrality）、接近中心度（Closeness Centrality）和中介中心度（Betweenness Centrality）。以上指标的具体计算方法及含义如下所述：

6.1.1.1 度数中心度（Degree Centrality）

度数中心度衡量与该企业具有直接担保关系的企业数量，可以用来描述企业在资金担保链中的活跃程度。具体计算公式如下所示：

$$\text{Degree Centrality}_i = \sum_j X_{ji} \tag{6-1}$$

其中，i 表示某企业；j 表示当年除企业 i 之外的其他企业；X_{ji} 表示一个担保关系，如果企业 i 和企业 j 之间至少存在一个担保关系则 X_{ji} 为 1，否则为 0。因此，企业的度数中心度越大，与该企业具有直接担保关系的企业数量越多，表明该企业在资金担保链中的活跃程度越大。在此基础上，度数可进一步分为出度与入度。其中，出度为接受该企业提供担保的企业数量，表示该企业提供担保的程度；入度为该企业对外提供担保的企业数量，表示该企业接受担保的程度。

6.1.1.2 接近中心度（Closeness Centrality）

接近中心度主要用于衡量该企业与资金担保链中其他企业的距离。

$$\text{Closeness Centrality}_i = \left[\sum_{j=1}^{g} d(i, j) \right]^{-1} \tag{6-2}$$

其中，d（i，j）表示两节点企业之间的捷径长度，$\text{Closeness Centrality}_i$ 表示该企业与其他企业间距离和的倒数。因此，在资金担保链中，该企业距离其他企业越近，那么其接近中心度越高。

6.1.1.3 中介中心度（Betweenness Centrality）

中介中心度衡量资金担保链中某个企业控制其他企业关联关系的程度，即节点企业在资金担保链中的"中介"作用。具体计算方法如下所示：

$$\text{Betweenness Centrality}_i = 2 \sum_{j}^{N} \sum_{k}^{N} b_{jk}(h_i) \tag{6-3}$$

$$b_{jk}(h_i) = \frac{g_{jk}(h_i)}{g_{jk}} \tag{6-4}$$

其中，$j \neq k \neq i$，且 j<k；g_{jk} 表示企业 j 与企业 k 之间存在的捷径数量；

g_{jk}（h_i）表示企业 h_i 控制企业 j 与企业 k 之间关联关系的能力，即企业 j 与企业 k 的捷径路径中通过企业 h_i 的数量，N 是资金担保链中企业的数量。

度数中心度仅对与节点企业具有直接担保关系的企业数量进行分析，并没有进一步考虑该企业在资金担保链中的位置以及这些企业各自担保企业的分布情况。而对于中介中心度最大的企业而言，虽然与其具有直接担保关系的企业不是最多的，但其他节点企业之间的连通往往要经过它，即如果该企业退出资金担保链，则整个资金担保链就会被割裂成几个相互独立不相连的部分。因此，中介中心度越高的企业在资金担保链中的重要程度越大。

6.1.2　聚类系数分析

聚类系数（Clustering Coefficient）是用于衡量网络中节点聚集程度的系数（Eggemann 和 Noble，2009）。在现实的资金担保链中，由于相对高密度连接点的关系，节点企业总是趋向于建立一组严密的组织关系。聚类系数具体计算公式如下所示：

$$\text{Clustering Coefficient}_i = \frac{\sum a_{ij} a_{ik} a_{jk}}{\sum a_{ij} a_{jk}}, \ i \neq j \neq k \qquad （6-5）$$

其中，a_{ij} 表示资金担保链中节点 i 和 j 之间的连边，若连边存在则 $a_{ij}=1$，否则 $a_{ij}=0$。基于此，聚类系数可以描述资金担保链中节点企业的邻居企业也互为邻居的可能性，聚类系数值越大表明与该企业具有担保关系的其他企业的聚集程度越大，则该企业在资金担保链中的位置越关键。

6.2　资金担保链核心企业识别方法

综合运用度数中心度、接近中心度、中介中心度和聚类系数等指标进行分析，具体分析方法如下：

第一，借助 Gephi 软件分别计算每一个资金担保链中各节点企业的度数中心度、接近中心度、中介中心度以及聚类系数等指标。

第二，分别计算每一个资金担保链的度数中心度的最大值，依次分析资金担保链中各个节点企业，若该节点企业度数中心度取值与其所在资金担保链度数中心度最大值相等，则该企业核心程度积一分。接近中心度、中介中心度和聚类系数操作程序与度数中心度同理。

第三，每家企业的总核心程度为该企业度数中心度、接近中心度、中介中心度和聚类系数积分之和。

第四，对每一个资金担保链中各节点企业的核心程度由大至小排序，核心程度取值最大的企业则为该资金担保链中的核心企业。

根据上述方法，依次识别 2015~2019 年每一个资金担保链的核心企业，并对核心企业结果进行分析。

6.3　资金担保链核心企业数量的总体情况

6.3.1　资金担保链核心企业的时间趋势分析

如表 6-1 所示，随着资金担保链数量的增长，2015~2019 年我国资金担保链核心企业数量也在不断增加，但是核心企业数量的增长率却呈现下降趋势。特别是自 2018 年以来，资金担保链核心企业数量的增长率大幅下降。在《融资担保公司监督管理条例》（国令第 683 号）及银保监会《融资担保业务经营许可证管理办法》《融资担保责任余额计量办法》《融资担保公司资产比例管理办法》《银行业金融机构与融资担保公司业务合作指引》四项配套制度①的引导下，银行加强了资金担保链准入管理，此举有助于控制资金担保链规模和核心企业的数量，进而引导资金担保链持续健康地发展。

表 6-1　资金担保链核心企业数量增长情况　　　　单位：个，%

年份	2015	2016	2017	2018	2019
核心企业数量	1611	1798	1972	2152	2278
核心企业数量增长率	—	11.61	9.68	9.13	5.86

资料来源：根据国泰安数据库 2008~2019 年资料计算整理所得。

6.3.2　资金担保链核心企业的上市情况分析

如表 6-2 所示，2015~2019 年资金担保链核心企业中上市公司和非上市公司数量均有所增加，其中上市公司的数量占据主要地位，然而通过具体分析发现，资金担保链中上市核心企业数量的占比却在逐渐下降。

---

① 资料来源：http://www.gov.cn/xinwen/2018-04/23/content_5285225.htm#1.

表 6-2　资金担保链核心企业上市情况　　　　　　　单位：个，%

年份	2015	2016	2017	2018	2019
上市公司	1601	1787	1957	2124	2244
非上市公司	10	11	15	28	34
上市公司占比	99.38	99.39	99.24	98.70	98.51

资料来源：根据国泰安数据库 2008~2019 年资料计算整理所得。

6.3.3　资金担保链核心企业的变动情况分析

随着外部经济环境以及资金担保链结构的变化，2016~2019 年资金担保链核心企业也在不断变化，如表 6-3 所示。总体而言，2016~2019 年变更的核心企业数量占总体核心企业的 12.47%，且退出核心企业的数量小于加入核心企业的数量，核心企业的数量整体呈上升趋势。2016~2019 年退出核心企业的数量不断增加，其中，2017 年和 2018 年的平均增长率高达 120.45%，而 2019 年增长率大幅下降；对于加入核心企业的企业数量而言，2016~2018 年稳步上升，2019 年有轻微下降。

表 6-3　资金担保链核心企业变化情况　　　　　　　　单位：个

年份	2016	2017	2018	2019
退出核心企业	20	44	106	108
加入核心企业	207	218	286	234
总和	227	262	392	342

资料来源：根据国泰安数据库 2008~2019 年资料计算整理所得。

6.3.4　资金担保链核心企业的企业性质分析

表 6-4 为 2015~2019 年资金担保链核心企业（上市公司）的企业性质分布情况，图 6-1 和图 6-2 分别为资金担保链核心企业数量及其增长率分析。

表 6-4　资金担保链核心企业的企业性质分布　　　　　单位：个，%

年份	国有企业	非国有企业	ST企业	非ST企业	国有企业增长率	非国有企业增长率	ST企业增长率	非ST企业增长率
2015	634	913	33	1550	—	—	—	—
2016	664	1059	48	1717	4.73	15.99	45.45	10.77

续表

年份	国有企业	非国有企业	ST企业	非ST企业	国有企业增长率	非国有企业增长率	ST企业增长率	非ST企业增长率
2017	683	1210	51	1885	2.86	14.26	6.25	9.78
2018	692	1359	56	2041	1.32	12.31	9.80	8.28
2019	396	532	376	1804	−42.77	−60.85	571.43	−11.61

资料来源：根据国泰安数据库2008~2019年资料计算整理所得。

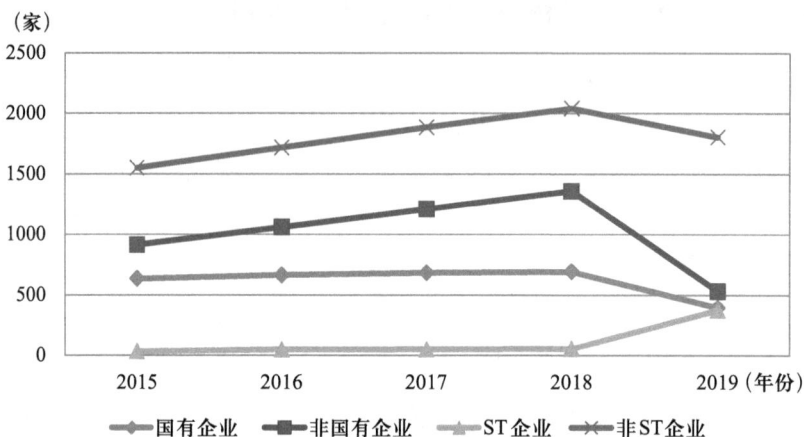

图6-1　不同企业性质的资金担保链核心企业数量分析

资料来源：根据表6-4绘制所得。

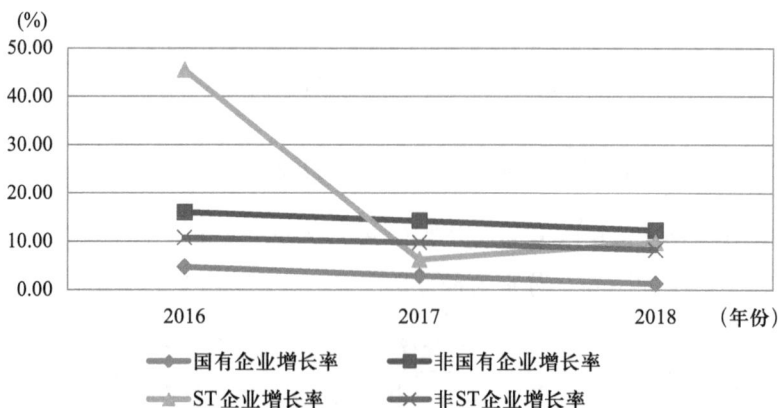

图6-2　不同企业性质的资金担保链核心企业增长率分析

注：2019年国有企业增长率、非国有企业增长率、ST企业增长率相对2018年及以前年度有较大的波动，在图中未予以展示。

资料来源：根据表6-4绘制所得。

核心企业的股权性质：在核心企业中，非国有核心企业数量更多，其占比从 2015 年的 59.02% 逐步增长至 2018 年的 66.26%。此外，随着资金担保链规模的增长，2015~2018 年资金担保链核心企业为国有企业和非国有企业的数量均不断上涨（由于 2019 年企业股权性质数据缺失较多，在此未予讨论），非国有核心企业的数量增长速度更快，但两者总体增长速度呈下降趋势。

核心企业是否被实施风险警示：绝大部分企业均为非 ST 企业，2015~2019 年非 ST 的核心企业占所有核心企业的比例超过 97%。其中，2016 年 ST 核心企业数量增长率高达 45.45%，推测主要与资本市场的大环境相关，2015 年股市暴跌进而导致次年 ST 核心企业数量迅速增长。

6.4　资金担保链核心企业财务状况时间趋势分析

6.4.1　盈利能力的时间趋势分析

表 6-5、图 6-3 为 2015~2019 年资金担保链核心企业的盈利能力指标变化情况。净资产收益率、总资产报酬率以及资产收益率在 2015~2019 年整体呈现稳步增长的趋势，且在 2016~2018 年增长幅度最大。净资产收益率、总资产报酬率以及资产收益率的变化趋势表明，核心企业的股东权益水平和资产的运营效益在稳步提升，同时资产的利用效果也在逐渐变好。对于成本费用利润率和营业利润率而言，两者趋势大体相似，在 2015~2017 年有所增长，2017~2018 年快速下降，而 2019 年有所回升且增长幅度较大，总体上呈现增长的趋势，表明 2015~2019 年资金担保链核心企业在经营耗费带来的经营成果和企业销售额提供的营业利润等方面均有所上涨。此外，盈余现金保障倍数反映了企业当期净利润中现金收益的保障程度，该指标在 2015~2017 年快速下降，2017~2019 年又回升至 2015 年水平，表明核心企业的盈余质量先下滑，后恢复至原水平。综合来看，资金担保链核心企业的盈利能力在 2015~2019 年均有所增强。

表 6-5　资金担保链核心企业盈利能力指标趋势

年份	净资产收益率	总资产报酬率	营业利润率	成本费用利润率	资产收益率	盈余现金保障倍数
2015	0.099	0.063	0.044	0.083	0.107	1.812
2016	0.096	0.064	0.064	0.108	0.104	1.543

续表

年份	净资产 收益率	总资产 报酬率	营业利 润率	成本费用 利润率	资产收 益率	盈余现金 保障倍数
2017	0.104	0.071	0.078	0.110	0.117	0.765
2018	0.124	0.078	0.043	0.072	0.130	1.134
2019	0.125	0.077	0.138	0.167	0.129	1.802

资料来源：根据国泰安数据库 2008~2019 年资料计算整理所得。

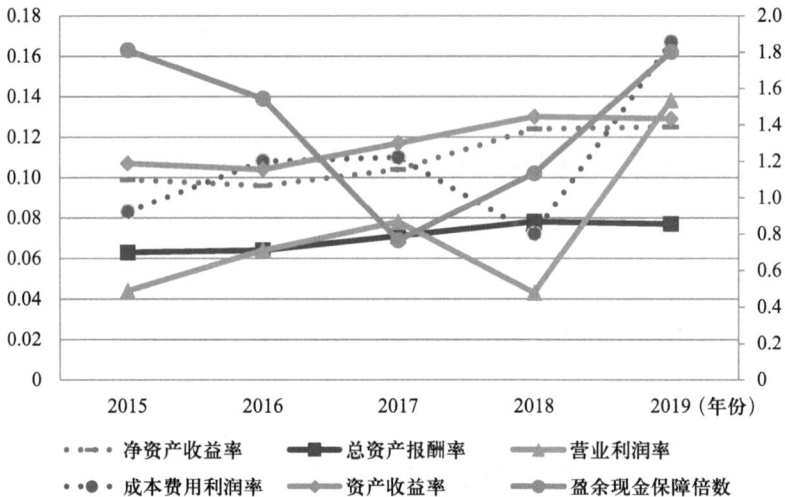

图 6-3　资金担保链核心企业盈利能力指标趋势

资料来源：根据表 6-5 绘制所得。

6.4.2　资产质量的时间趋势分析

表 6-6、图 6-4 为 2015~2019 年资金担保链核心企业的资产质量指标变化情况。总资产周转率和流动资产周转率整体变动趋势相似，在 2015~2016 年轻微下降，2016~2017 年有所回升，2017~2019 年基本保持稳定。总体而言，总资产周转率和流动资产周转率两项指标在 2015~2019 年变动不大，表明核心企业总资产的使用效率和流动资产的利用效率基本保持稳定水平。此外，资产现金回收率整体没有较大的变化，表明在 2015~2019 年核心企业全部资产产生现金的能力保持平稳。对于应收账款周转率而言，2015~2016 年有所下降，2016~2019 年反弹上升，且增长幅度较大，表明应收账款的质量有较大的提升。综合来看，资金担保链核心企业的资产质量水平在 2015~2019 年基本保持平稳，其中应收账款质量有明显的提升。

表 6-6　资金担保链核心企业资产质量指标趋势

年份	总资产周转率	应收账款周转率	流动资产周转率	资产现金回收率
2015	0.663	15.562	1.263	0.047
2016	0.612	14.921	1.216	0.045
2017	0.651	15.078	1.282	0.033
2018	0.657	15.680	1.286	0.044
2019	0.653	16.413	1.297	0.059

资料来源：根据国泰安数据库 2008~2019 年资料计算整理所得。

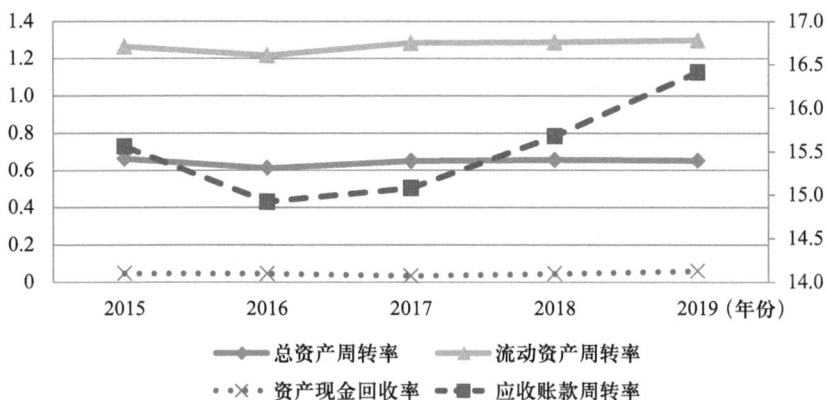

图 6-4　资金担保链核心企业资产质量指标趋势

资料来源：根据表 6-6 绘制所得。

6.4.3　债务风险的时间趋势分析

表 6-7、图 6-5 为 2015~2019 年资金担保链核心企业的债务风险指标变化情况。从中可以看出资产负债率整体保持平稳，2015~2016 年轻微下降，2016~2019 年有所回升，表明核心企业的负债水平基本保持稳定。速动比率在 2015~2016 年快速上涨，2016~2018 年连续两年下跌，2018~2019 年有所回升，但仍尚未恢复到原水平，表明资金担保链核心企业流动资产中可以立即变现用于偿还流动负债的能力先上升，随后下降，最后有所回升的变化趋势。现金流动负债比率在 2015~2017 年先轻微上升后有所下降，2017~2019 年反弹上涨且增速较快，涨幅较大，表明从现金流入和流出的动态角度而言，核心企业的实际偿债能力有所提升。带息负债比率 2015~2017 年呈现下降趋势，2017~2019 年轻微回升，整体变动幅度较小，表明核心企业未来的偿债压力稳中有降。预计负债比率 2015~2019 年呈现上涨趋势，但上涨

速度轻微减缓，表明核心企业未来的负债水平稳中有升。综合来看，资金担保链核心企业的债务风险水平在 2015~2019 年整体呈现轻微下降的趋势。

表 6-7　资金担保链核心企业债务风险指标趋势

年份	资产负债率	速动比率	现金流动负债比率	带息负债比率	预计负债比率
2015	0.467	1.347	0.160	0.457	0.004
2016	0.453	1.482	0.165	0.435	0.012
2017	0.457	1.462	0.133	0.423	0.014
2018	0.469	1.371	0.152	0.436	0.020
2019	0.467	1.408	0.212	0. 443	0.020

资料来源：根据国泰安数据库 2008~2019 年资料计算整理所得。

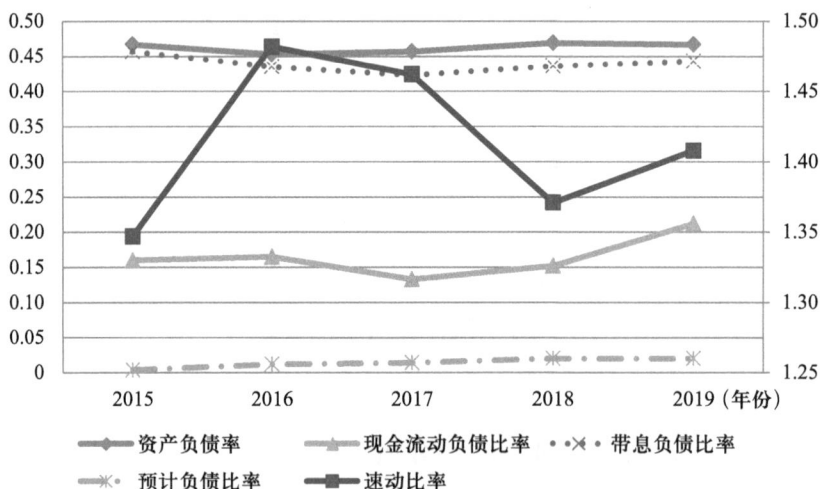

图 6-5　资金担保链核心企业债务风险指标趋势

资料来源：根据表 6-7 绘制所得。

6.4.4　经营能力的时间趋势分析

表 6-8、图 6-6 为 2015~2019 年资金担保链核心企业的经营能力指标变化情况。营业增长率 2015~2017 年轻微上涨，2017~2019 年有所降低，但总体变化幅度较小，表明企业经营业务拓展能力整体保持稳定，但近两年有轻微下降的趋势。此外，资本保值增值率与总资产增长率变化趋势相似，两项指标均在 2015~2016 年轻微上涨，2016~2018 年呈现下降趋势，2018~2019 年基本保持平稳。资本保值增值率与总资产增长率的变化情况表明资金担保链核心企业资本的运营效益、安全状况以及资本积累能力均稳中有降。营业

利润增长率 2015~2016 年有所下降，2016~2017 年轻微回升，2017~2019 年继续呈现下降趋势。整体而言，核心企业的营业利润率呈现下降的趋势，表明核心企业百元商品销售额提供的营业利润有所下跌。此外，技术投入比率 2015~2019 年整体呈现稳步增长的趋势，表明核心企业在科技进步方面的投入增加，核心企业的发展潜力也有所提升。综合来看，资金担保链核心企业的经营能力水平在 2015~2019 年整体呈现轻微下降的趋势。

表 6-8　资金担保链核心企业经营能力指标趋势

年份	营业增长率	资本保值增值率	营业利润增长率	总资产增长率	技术投入比率
2015	0.270	1.304	1.838	0.294	3.693
2016	0.321	1.323	1.678	0.316	3.922
2017	0.339	1.205	1.750	0.247	4.027
2018	0.248	1.100	1.555	0.190	4.246
2019	0.213	1.098	1.452	0.165	4.451

资料来源：根据国泰安数据库 2008~2019 年资料计算整理所得。

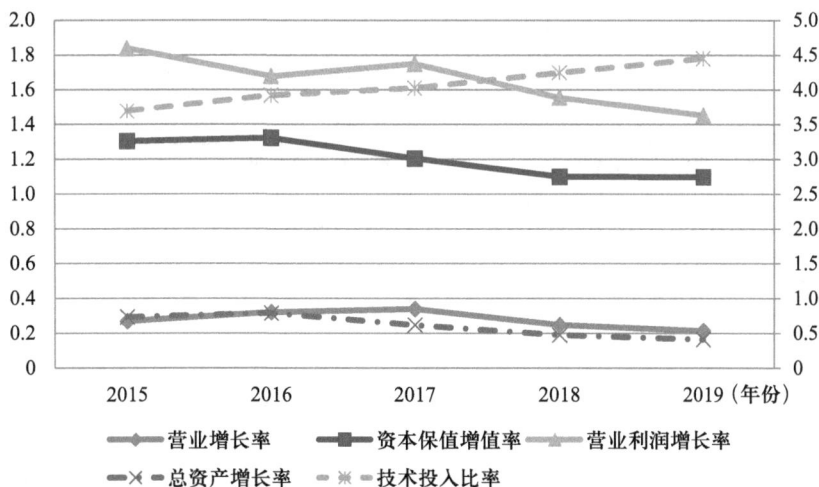

图 6-6　资金担保链核心企业经营能力指标趋势
资料来源：根据表 6-8 绘制所得。

6.4.5　补充财务指标的时间趋势分析

表 6-9、图 6-7 为 2015~2019 年资金担保链核心企业的补充财务指标变化情况。存货周转率 2015~2019 年整体呈现增长趋势，其中，2015~2018 年增长速

度较快，增幅较大，而 2018~2019 年增幅较小，表明核心企业投入生产以及存货管理水平整体呈现提升的趋势。两金占流动资产比重和成本费用占营业收入比重在 2015~2019 年保持平稳，没有较大的起伏波动，说明核心企业可以自由使用的资金以及成本费用控制能力保持在一个较为稳定的水平。此外，EBITDA率在 2015~2016 年轻微上涨，2016~2018 年有所下滑，2018~2019 年再次上涨，但整体变化幅度均较小，表明核心企业销售收入的盈利能力以及回收折旧和摊销的能力稳中有升。此外，资本积累率 2015~2016 年基本保持平稳，2016~2019年呈现明显的下降趋势，表明核心企业投资者投入企业资本的保全性和增长性有所下跌。综合来看，资金担保链核心企业的补充财务指标在 2015~2019 年整体保持平稳，其中存货周转率有所上涨，而资本积累率有所下滑。

表 6-9　资金担保链核心企业补充财务指标趋势

年份	存货周转率	两金占流动资产比重	成本费用占营业收入比重	EBITDA 率	资本积累率
2015	7.537	0.499	0.955	0.121	0.356
2016	8.378	0.476	0.937	0.164	0.355
2017	9.333	0.481	0.931	0.114	0.246
2018	11.018	0.493	0.944	0.098	0.192
2019	11.139	0.489	0.948	0.151	0.103

资料来源：根据国泰安数据库 2008~2019 年资料计算整理所得。

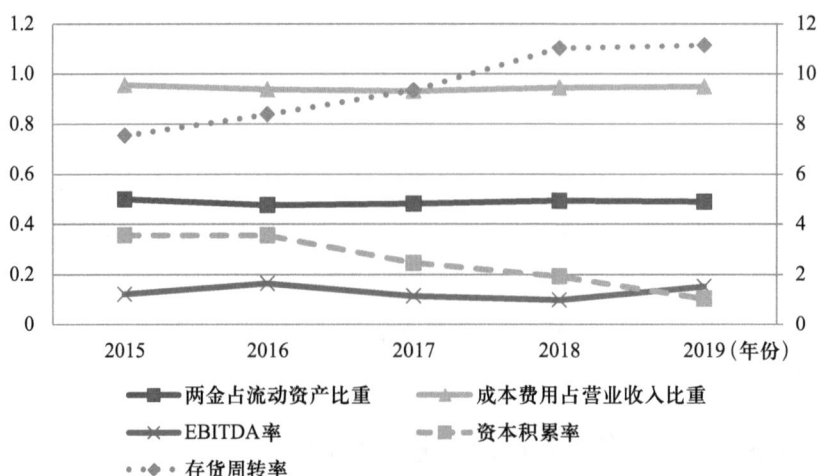

图 6-7　资金担保链核心企业补充财务指标趋势

资料来源：根据表 6-9 绘制所得。

6.5　资金担保链核心企业与非核心企业的组间差异分析

6.5.1　盈利能力的组间差异分析

表 6-10 为 2015~2019 年核心企业与非核心企业盈利能力指标组间差异分析，我们可以发现资金担保链核心企业与非核心企业在净资产收益率、营业利润率、盈余现金保障倍数、成本费用利润率以及资产收益率等方面的差异性均显著。具体而言，核心企业的净资产收益率、盈余现金保障倍数以及资产收益率均在 1% 的显著性水平上低于非核心企业，表明资金担保链的核心企业在股东权益的收益水平、盈余质量以及资产利用效果等方面显著低于非核心企业；而核心企业的营业利润率和成本费用利润率均在 5% 的显著性水平上高于非核心企业，表明核心企业在经营成果和企业销售额提供的营业利润等方面优于非核心企业。总体而言，与非核心企业相比，2015~2019 年资金担保链核心企业在资产利用方面表现较差，而在营业收入以及成本费用的盈利方面表现较好。

表 6-10　2015~2019 年核心企业与非核心企业盈利能力指标组间差异

指标	非核心企业	均值 1	核心企业	均值 2	p-value
净资产收益率	840	0.131	7923	0.112	0.019***
总资产报酬率	849	0.069	7957	0.072	−0.002
营业利润率	849	0.061	7957	0.077	−0.015**
盈余现金保障倍数	849	1.966	7957	1.400	0.566***
成本费用利润率	849	0.095	7957	0.111	−0.016**
资产收益率	846	0.129	7942	0.119	0.010***

注：* 表示 p<0.10，** 表示 p<0.05，*** 表示 p<0.01，下同。

资料来源：根据国泰安数据库 2008~2019 年资料计算整理所得。

6.5.2　资产质量的组间差异分析

表 6-11 为 2015~2019 年核心企业与非核心企业资产质量指标组间差异分析，我们可以发现资金担保链核心企业与非核心企业在总资产周转率和资产现金回收率两方面的差异性均较为显著。具体而言，核心企业的总资产周

转率在 10% 的显著性水平上高于非核心企业，表明核心企业在总资产运营效率方面优于非核心企业；此外，核心企业的资产现金回收率在 1% 的显著性水平上高于非核心企业，表明核心企业全部资产的变现能力优于非核心企业。总体而言，与非核心企业相比，2015~2019 年资金担保链核心企业在资产质量方面表现较好。

表 6-11　2015~2019 年核心企业与非核心企业资产质量指标组间差异

指标	非核心企业	均值 1	核心企业	均值 2	p-value
总资产周转率	849	0.616	7957	0.643	−0.028*
应收账款周转率	849	14.278	7957	15.584	−1.306
流动资产周转率	849	1.244	7957	1.272	−0.028
资产现金回收率	849	0.038	7957	0.046	−0.008***

资料来源：根据国泰安数据库 2008~2019 年资料计算整理所得。

6.5.3　债务风险的组间差异分析

表 6-12 为 2015~2019 年核心企业与非核心企业债务风险指标组间差异分析，我们可以发现资金担保链核心企业与非核心企业在资产负债率、速动比率、现金流动负债比率、带息负债比率及预计负债比率等方面的差异性均较为显著。具体而言，核心企业的资产负债率在 1% 的显著性水平上低于非核心企业，表明核心企业的负债水平低于非核心企业；核心企业的带息负债比率和预计负债比率分别在 1% 和 5% 的显著性水平上低于非核心企业，表明核心企业未来在偿债（尤其是偿还利息）压力等方面小于非核心企业；核心企业的速动比率和现金流动负债比率分别在 5% 和 1% 的显著性水平上高于非核心企业，表明对于核心企业而言，无论是在流动资产中可以立即变现用于偿还流动负债能力，还是当期偿付短期负债的能力（现金流量角度）均优于非核心企业。总体而言，与非核心企业相比，2015~2019 年资金担保链核心企业的当期偿债能力较好，且未来偿债压力较小，整体的债务风险小于非核心企业。

表 6-12　2015~2019 年核心企业与非核心企业债务风险指标组间差异

指标	非核心企业	均值 1	核心企业	均值 2	p-value
资产负债率	849	0.527	7957	0.463	0.063***
速动比率	849	1.315	7957	1.414	−0.099**

续表

指标	非核心企业	均值 1	核心企业	均值 2	p-value
现金流动负债比率	849	0.132	7957	0.166	−0.034***
带息负债比率	843	0.463	7931	0.438	0.025***
预计负债比率	380	0.016	3560	0.013	0.004**

资料来源：根据国泰安数据库 2008~2019 年资料计算整理所得。

6.5.4　经营能力的组间差异分析

表 6-13 为 2015~2019 年核心企业与非核心企业经营能力指标组间差异分析，我们可以发现资金担保链核心企业与非核心企业在资本保值增值率、营业利润增长率以及总资产增长率等方面的差异性均较为显著。具体而言，核心企业的资本保值增值率和总资产增长率分别在 5% 和 10% 的显著性水平上高于非核心企业，表明核心企业在企业资本的运营效益与安全状况以及资本积累能力等方面均优于非核心企业；此外，核心企业的营业利润增长率在 5% 的显著性水平上低于非核心企业，表明核心企业的盈利能力表现较差。总体而言，与非核心企业相比，2015~2019 年资金担保链核心企业的资本积累能力和运营效益较好，整体的经营能力优于非核心企业。

表 6-13　2015~2019 年核心企业与非核心企业经营能力指标组间差异

指标	非核心企业	均值 1	核心企业	均值 2	p-value
营业增长率	845	0.260	7888	0.273	−0.013
资本保值增值率	839	1.142	7862	1.190	−0.049**
营业利润增长率	661	2.064	6765	1.630	0.435**
总资产增长率	846	0.208	7888	0.233	−0.025*
技术投入比率	832	3.882	7847	4.110	−0.228

资料来源：根据国泰安数据库 2008~2019 年资料计算整理所得。

6.5.5　补充财务指标的组间差异分析

表 6-14 为 2015~2019 年核心企业与非核心企业补充财务指标组间差异分析，我们可以发现资金担保链核心企业与非核心企业仅在成本费用占营业收入比重方面的差异性较为显著。具体而言，核心企业的成本费用占营业收入比重在 1% 的显著性水平上低于非核心企业，表明核心企业在成本费用控

制能力方面不及非核心企业。总体而言，与非核心企业相比，2015~2019 年资金担保链核心企业在成本费用控制能力等方面表现较差。

表 6-14　2015~2019 年核心企业与非核心企业补充财务指标组间差异分析

指标	非核心企业	均值 1	核心企业	均值 2	p-value
存货周转率	843	8.088	7903	9.714	−1.626
两金占流动资产比重	849	0.486	7957	0.488	−0.002
成本费用占营业收入比重	840	0.970	7898	0.943	0.027***
EBITDA 率	120	0.108	1440	0.125	−0.017
资本积累率	839	0.211	7862	0.234	−0.023

资料来源：根据国泰安数据库 2008~2019 年资料计算整理所得。

本章小结

本章的研究成果：

第一，对 2015~2019 年资金担保链核心企业的时间趋势、上市情况、变动情况以及企业性质（是否为国有企业、是否为 ST 企业）进行分析。

第二，对 2015~2019 年资金担保链核心企业的财务状况（盈利能力、资产质量、债务风险、经营能力以及补充财务指标）时间趋势以及核心企业与非核心企业的组间差异进行分析。

本章的研究发现：

第一，我国资金担保链核心企业数量在不断增加，但是增长率呈现下降趋势。

第二，资金担保链核心企业中上市公司占据主要地位。

第三，资金担保链核心企业中上市公司中非国有核心企业、非 ST 企业占据主要地位。

第四，2015~2019 年，资金担保链核心企业的盈利能力有所增强，资产质量水平和补充财务指标基本保持平稳，债务风险水平和经营能力水平轻微下降。

第五，与非核心企业相比，2015~2019 年资金担保链核心企业在资产利用方面表现较差，而在营业收入以及成本费用的盈利方面表现较好。

第六，与非核心企业相比，2015~2019 年资金担保链核心企业债务风险较小，且在资产质量、经营能力方面表现较好，而在成本费用控制能力等方面表现较差。

第 7 章 资金担保链关键链路
识别与监测

由于担保链兴起，资金担保链的规模正在不断扩大，地理区域跨度更加广阔，其拓扑结构也趋向于复杂化。这为政府和银行防控资金担保链系统性风险带来了更大的挑战：一是监控规模更大的网络要求更高的监控成本；二是地理区域跨度的扩张降低了风险防控的反应速度；三是拓扑结构的复杂化加大了资金担保链风险识别的难度。从宏观资金担保链治理角度来看，资金担保链中存在少量的关键链路，在整个资金担保链的运行中发挥着至关重要的作用。这些关键链路的运行状况不仅影响着链路中的两个企业，而且会影响整个资金担保链的运行状况。因此，有效识别各资金担保链的关键链路，对银行和政府以最低成本、最大效能实现资金担保链的风险监测意义非凡。

我们根据 2015~2019 年中国资金担保链的数据，计算了边的中间中心度、边的两个顶点的度数之和、边的两个顶点的接近中心度之和、边的顶点的中间中心度之和、边的顶点的聚类系数之和、担保金额和担保期限共 7 项指标，并设计了识别算法对资金担保链关键的链路进行识别。基于识别结果，我们还对核心链路的上市情况、财务特征和结构特征进行分析，探究关键链路的基本特点及其变化趋势。

7.1 资金担保链关键链路识别指标

资金担保链是由多条代表着两个企业间的担保关系的边链路构成的。本章结合资金担保链的复杂网络结构特征和担保关系特征，对资金担保链中的关键链路（边）进行了识别。

在识别方法中，我们使用的复杂网络结构特征指标包括：

边的中间中心度（Edge Betweenness Centrality）：表示某网络内任意两个节点的最短路径经过该边的次数，边的中间中心度越大，表明该边的位置越关键。

边的两个顶点的度数（Degree）之和：单个节点的度数越大，表明该节点在网络中的位置越核心，那么一条边的两个顶点的度数和越大，该条边的位置越关键。

边的两个顶点的接近中心度（Closeness Centrality）之和：一个点的接近中心度表示该点到其他所有点的距离总和，接近中心度越高，表明该企业在资金担保链中的位置越核心，则一条边的两个顶点的接近中心度之和越大，该条边越关键。

边的顶点的中间中心度（Betweenness Centrality）之和：一个点的中间中心度考虑的是经过一个点的最短路径的数量，其数值越大，该点的位置越关键，那么边的两顶点的中间中心度之和越大，该条边的位置越关键。

边的顶点的聚类系数（Clustering Efficient）之和：一个点的聚类系数考虑的是一个点的聚类程度，其数值越大，该点的位置越关键，那么边的两顶点的中间中心度之和越大，该条边的位置越关键。

担保金额：一条边涉及的担保金额越大，这条边代表的担保关系一旦出现违约，则会对整个资金担保链产生较大影响，因此担保金额越大，该条边越关键。

担保期限：担保期限越长，该条边代表的担保关系风险越大，更可能对资金担保链中的其他企业产生影响，因此，担保期限越长，该条边越关键。

7.2 资金担保链关键链路识别方法

对于资金担保链关键边的识别，具体方法如下：

第一步，计算边的中间中心度，边的两顶点的度数之和、边的两顶点的接近中心度之和、边的两顶点的中间中心度之和、边的两顶点的聚类系数之和。整理每条边所代表的担保关系涉及的金额和期限，由于一条边代表的担保关系可能在同一年重复发生，因此我们将重复发生担保关系的边所涉及的金额和期限进行相加，使之合并为一条边。

第二步，分别计算各网络中单项网络结构特征指标和担保关系特征指标的最大值。

第三步，初步筛选出各网络中边的中间中心度的值为最大值的边。

第四步，根据边的两个顶点的度数之和、边的两个顶点的接近中心度、边的顶点的中间中心度之和、边的顶点的聚类系数之和、担保金额和担保期限 6 个指标，对初步筛选后的每条边的关键程度打分，例如，一条边的两个顶点的度数之和为网络中的最大值，则打 1 分，否则为 0 分。其他识别指标也进行同样方法的打分。

第五步，汇总边的关键程度的总分（Important Edge，IME），即将上述对每个指标的分数进行加总，最后筛选出网络内得分最高的边，则为该网络中的关键边。

根据上述方法，依次识别 2015~2019 年每一个资金担保链的关键链路。

7.3　资金担保链关键链路的特征分析

7.3.1　资金担保链关键链路的上市情况分析

我们统计了 2015~2019 年资金担保链关键链路中的上市情况。其中，我们规定：如果一条关键链路的两个节点都是上市公司，则该链路为上市公司连接；若两个节点中只有一个是上市公司，则该链路为半上市公司连接；若两个节点都不是上市公司，则该链路为非上市公司连接。如表 7-1 所示。

表 7-1　关键链路上市情况统计　　　　　　　　单位：个

年份	非上市公司连接	半上市公司连接	上市公司连接
2015	0	2467	64
2016	0	2848	66
2017	0	2995	57
2018	0	3210	55
2019	0	3397	60

资料来源：根据国泰安数据库 2015~2019 年资料计算整理所得。

我们可以发现，2015~2019 年，没有关键链路是非上市公司连接。这表明，上市公司在资金担保链中扮演着重要的角色，表现为关键链路都有上市公司的参与。关键链路以半上市公司连接为主，其中，半上市公司连接的数量达到四位数，上市公司连接的数量则在 55~66 个，半上市公司连接的数量远远大于上市公司数量。

7.3.2 资金担保链关键链路的财务特征分析

表 7-2 统计了关键链路担保金额和担保期限的基本情况，图 7-1 绘制了关键链路担保金额的均值年度变化趋势，图 7-2 绘制了关键链路担保期限的均值和中位数的年度变化趋势。从各年进行横向分析来看，各年担保金额和担保期限的均值和中位数差距较大，而且均值都大于中位数。这表明，关键链路的担保金额和担保期限的分布右偏，即少部分关键链路的担保金额巨大，担保期限较长（各年担保期限最大值都在 1000 年以上），而大部分关键链路的担保金额和担保期限处于均值以下。通过图 7-1 进行担保金额的年度趋势纵向对比，担保金额的均值在 2015~2019 年一直处于上升趋势，这表明资金担保链关键链路的担保金额规模越来越大。一旦关键链路发生断裂，造成的风险也更加严重。通过图 7-2 进行担保期限的年度趋势纵向对比，担保期限的均值和中位数在 2015~2017 年不断增长，2018 年有些许下降后，2019 年又有所回升。这反映了关键链路的担保期限趋于长期化的趋势，也增加了关键链路断裂引起的系统性风险。

表 7-2　关键链路担保金额和担保期限统计　　　单位：年，万元

年份	财务特征指标	样本量	均值	标准差	最小值	中位数	最大值
2015	担保金额	1138	68173.90	1.55e+05	55.00	20000.00	2.12e+06
	担保期限	1138	37.07	95.781	1.00	13.00	1817.00
2016	担保金额	1247	82157.89	3.35e+05	55.00	20000.00	1.02e+07
	担保期限	1247	42.55	115.811	1.00	15.00	2469.00
2017	担保金额	1279	81155.41	3.34e+05	55.00	20000.00	1.02e+07
	担保期限	1279	45.35	132.809	1.00	16.00	3123.00
2018	担保金额	1152	200645.23	4.43e+06	60.00	18000.00	1.50e+08
	担保期限	1152	39.82	97.902	1.00	15.00	2094.00
2019	担保金额	1113	204547.51	4.51e+06	60.00	17000.00	1.50e+08
	担保期限	1113	41.69	103.081	0.50	15.00	2094.00

资料来源：根据国泰安数据库 2015~2019 年资料计算整理所得。

（万元）

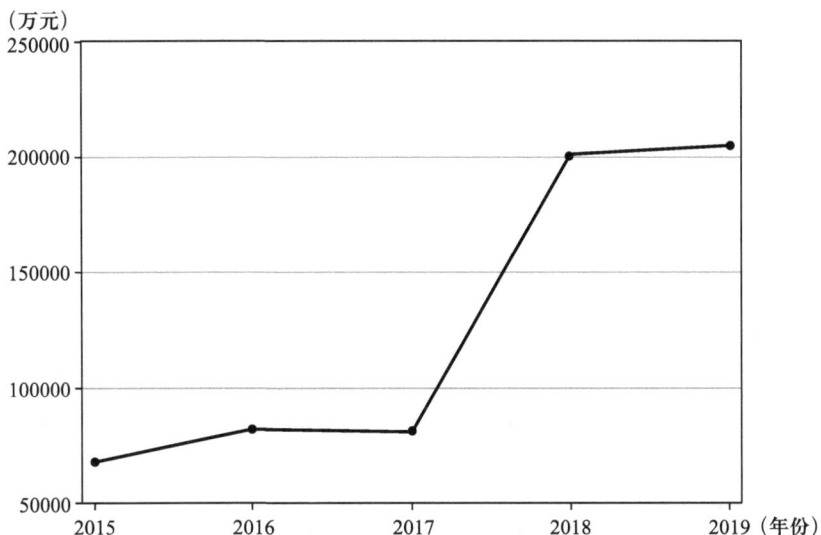

图 7-1　关键链路担保金额趋势变化情况

资料来源：根据表 7-2 绘制所得。

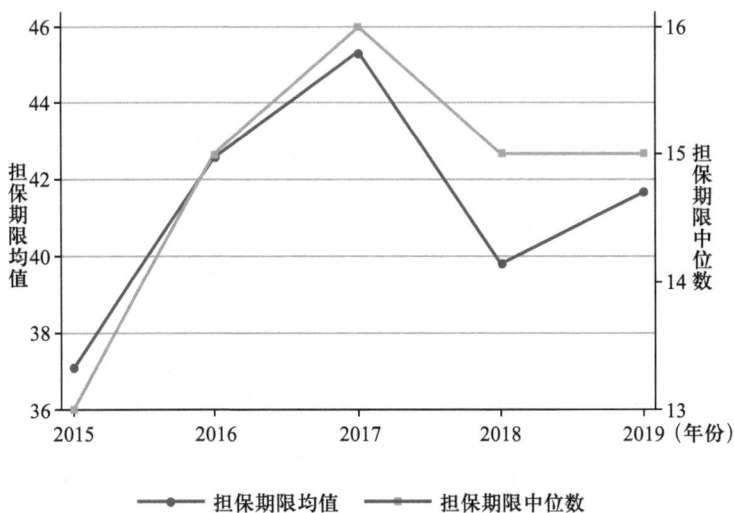

────●──── 担保期限均值　　────── 担保期限中位数

图 7-2　关键链路担保期限趋势变化情况

资料来源：根据表 7-2 绘制所得。

7.3.3　资金担保链关键链路的结构特征分析

我们对 2015~2019 年关键链路的边的中间中心度、顶点度数和、顶点接近中心度之和、顶点中间中心度之和、顶点聚类系数之和这 5 个指标的均值、标准差、最小值、中位数和最大值进行了统计。如表 7-3 至表 7-7 所示。

表 7-3 2015 年关键链路结构特征统计

结构指标名称	样本量	均值	标准差	最小值	中位数	最大值
边的中间中心度	2531	1.98	9.152	1.00	1.00	215.00
顶点度数和	2531	24.46	44.432	3.00	9.00	387.00
顶点接近中心度之和	2531	1.07	0.353	1.00	1.00	4.41
顶点中间中心度之和	2531	2.53	24.639	0.00	0.00	639.00
顶点聚类系数之和	2531	0.00	0.022	0.00	0.00	0.67

资料来源：根据国泰安数据库 2015~2019 年资料计算整理所得。

表 7-4 2016 年关键链路结构特征统计

结构指标名称	样本量	均值	标准差	最小值	中位数	最大值
边的中间中心度	2914	2.03	9.972	1.00	1.00	233.00
顶点度数和	2914	33.18	59.825	3.00	10.00	702.00
顶点接近中心度之和	2914	1.06	0.338	1.00	1.00	4.47
顶点中间中心度之和	2914	2.55	27.831	0.00	0.00	770.00
顶点聚类系数之和	2914	0.00	0.020	0.00	0.00	0.67

资料来源：根据国泰安数据库 2015~2019 年资料计算整理所得。

表 7-5 2017 年关键链路结构特征统计

结构指标名称	样本量	均值	标准差	最小值	中位数	最大值
边的中间中心度	3052	3.08	23.393	1.00	1.00	1001.00
顶点度数和	3052	31.36	62.146	3.00	10.00	717.00
顶点接近中心度之和	3052	1.10	0.433	1.00	1.00	5.64
顶点中间中心度之和	3052	5.05	69.176	0.00	0.00	3262.00
顶点聚类系数之和	3052	0.00	0.020	0.00	0.00	0.67

资料来源：根据国泰安数据库 2015~2019 年资料计算整理所得。

表 7-6　2018 年关键链路结构特征统计

结构指标名称	样本量	均值	标准差	最小值	中位数	最大值
边的中间中心度	3265	7.48	98.172	1.00	1.00	5205.00
顶点度数和	3265	29.47	58.557	3.00	11.00	736.00
顶点接近中心度之和	3265	1.34	0.735	1.00	1.00	7.02
顶点中间中心度之和	3265	17.13	230.613	0.00	0.00	10940.00
顶点聚类系数之和	3265	0.00	0.022	0.00	0.00	0.67

资料来源：根据国泰安数据库 2015~2019 年资料计算整理所得。

表 7-7　2019 年关键链路结构特征统计

结构指标名称	样本量	均值	标准差	最小值	中位数	最大值
边的中间中心度	3457	15.19	336.435	1.00	1.00	15414.17
顶点度数和	3457	29.94	61.145	3.00	11.00	749.00
顶点接近中心度之和	3457	1.39	0.790	1.00	1.00	8.98
顶点中间中心度之和	3457	38.01	936.545	0.00	0.00	47869.00
顶点聚类系数之和	3457	0.00	0.029	0.00	0.00	1.00

资料来源：根据国泰安数据库 2015~2019 年资料计算整理所得。

从各年度进行横向对比分析我们可以发现，边的中间中心度、顶点度数和、顶点接近中心度之和、顶点中间中心度之和、顶点聚类系数之和这 5 个指标的均值都大于中位数，这表明，只有少数网络的拓扑结构比较复杂，其关键链路的结构特征指标数值较大，而多数资金担保链的拓扑结构较为简单，其关键链路的结构特征指标数值较小。

从时间序列的纵向对比分析我们也可以看到，关键链路的数量越来越多，与之相对的是资金担保链的数量也越来越多，这再次证明了资金担保链的融资方式正在兴起。从边的中间中心度来看，其均值随时间推移而不断增长，但是其中位数始终为 1，而且标准差也在不断变大。这表明资金担保链的拓扑结构复杂性分布基本没有太大变化，其分布始终是由少数规模庞大、拓扑结构复杂的网络和多数规模相对不大、拓扑结构相对简单的网络构成，而少数规模较大、拓扑结构复杂的网络，其拓扑结构仍然正在不断复杂化。从边的两个顶点的度数之和、边的两个顶点的接近中心度之和、边的顶点的中间中心度之和、边的顶点的聚类系数之和这 4 个指标我们依然可以发现，资金担保链的拓扑结构复杂性分布没有大的变化，并且资金担保链的拓扑结构正趋于复杂化，尤其是在少数拓扑结构复杂的网络中，这种拓扑结构复杂化的趋势更加明显。

本章小结

本章的研究成果：

第一，介绍了资金担保链关键链路的识别指标和识别方法。

第二，按照上市公司连接、半上市公司连接和非上市公司连接进行分类，统计分析了 2015~2019 年资金担保链关键链路的上市情况。

第三，对 2015~2019 年资金担保链关键链路的财务特征（担保金额和担保期限）进行了统计分析。

第四，对 2015~2019 年资金担保链关键链路的结构特征（边的中间中心度、边的两个顶点的度数之和、边的两个顶点的接近中心度之和、边的顶点的中间中心度之和、边的顶点的聚类系数之和）进行了统计分析。

本章的研究发现：

第一，得出了 2015~2019 年的资金担保链关键链路的识别结果。

第二，上市公司在资金担保链中扮演着重要的角色，这表现为所有关键链路都有上市公司的参与。关键链路以半上市公司连接为主，其中，半上市公司连接的数量远远大于上市公司数量。

第三，少部分关键链路的担保金额巨大，担保期限较长，而大部分关键链路的担保金额和担保期限处于均值以下。资金担保链关键链路的担保金额规模越来越大，担保期限越来越长，这增加了关键链路断裂引起的系统性风险。

第四，少数网络的拓扑结构比较复杂，其关键链路的结构特征指标数值较大，而多数资金担保链的拓扑结构较为简单，其关键链路的结构特征指标数值较小。

第五，随着时间推移，关键链路的数量越来越多，与之相对应的是资金担保链的数量也越来越多，这证明了企业通过加入资金担保链扩大融资规模方式正在兴起。

第六，随着时间推移，资金担保链的拓扑结构复杂性分布基本没有太大变化，其分布始终是由少数规模庞大、拓扑结构复杂的网络和多数规模相对不大、拓扑结构相对简单的网络构成。并且资金担保链的拓扑结构正趋于复杂化，尤其是在少数拓扑结构复杂的网络中，这种拓扑结构复杂化的趋势更加明显。

第8章 典型资金担保链
个案监测分析

随着资金担保链的融资方式在全国范围内越来越流行，资金担保链的数量和规模也在不断地增长。为了初步展示全国各地区资金担保链的特征，本章选取了2019年各地区节点数最多的资金担保链为典型网络进行基本情况的介绍，内容主要包括：

第一，为了展示典型网络的空间结构特征，我们绘制了2019年各地区典型网络图。

第二，为了展示各典型网络的基本情况，我们列示了2019年各典型网络关键链路的基本情况、核心企业的基本情况、核心企业财务情况和核心企业的前十大股东。

第三，为了展示典型网络的发展历程，我们对各典型网络的历年节点数进行了统计，并进行年度的纵向对比（时间跨度为2008~2019年）。

第四，我们对2019年各典型网络的财务指标进行了描述性统计（由于只能得到上市公司的年报数据，我们只对网络中的上市公司进行了分析）。其中，2019年华中地区和东北地区的典型网络中只有一家上市公司，本章直接列示相关财务指标并进行了分析。

第五，为了探究各地区典型网络的差异，我们对2019年各地区的典型网络进行横向对比分析。

8.1 东北地区典型资金担保链监测分析

8.1.1 资金担保链拓扑结构

图 8-1 展现了 2019 年东北地区网络节点最大的资金担保链。根据资金担保链结构分析我们发现，该网络的平均路径长度为 1，网络直径为 1，是一个发散型的网络，其中最大节点的度数为 493。该网络的核心企业为上市公司——广汇汽车，全名为广汇汽车服务集团股份公司。

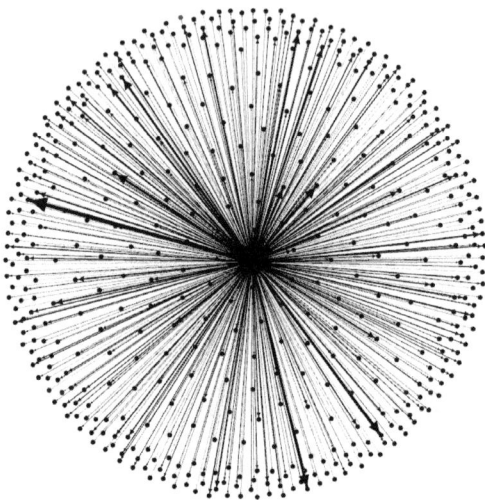

图 8-1 2019 年东北地区网络节点最大的资金担保链

资料来源：根据国泰安数据库 2008~2019 年资料计算整理所得。

8.1.2 核心企业与关键链路

8.1.2.1 关键链路

我们找出了该网络的关键链路，链路具体信息如表 8-1 所示：

表 8-1 2019 年东北地区网络节点最大资金担保链的关键链路

项目名称	基本情况
年份	2019 年
网络编号	1589
Out Node	2095

续表

项目名称	基本情况
In Node	20738
担保企业股票代码	600297
担保企业名称	广汇汽车
被担保企业股票代码	无
被担保企业名称	子公司
边的中间中心度	1
是否接近中心度最大值	1
是否中间中心度最大值	1
是否聚类系数最大值	1
是否边的中间中心度最大值	1
是否担保金额最大值	0
是否担保期限最大值	0
是否度数最大值	1
总分	4
担保金额	0 万元
担保期限	0 年
顶点度数和	749
顶点接近中心度之和	1
顶点中间中心度之和	0
顶点聚类系数之和	0

资料来源：根据国泰安数据库 2008~2019 年资料计算整理所得。

根据表 8-1 我们可以发现，该网络的关键链路是核心企业——广汇汽车对其子公司进行担保的一条担保链。

8.1.2.2　核心企业

我们对核心企业进行分析，首先得到核心企业的基本情况，如表 8-2 所示：

表 8-2　核心企业基本情况

项目名称	基本情况
公司名称	广汇汽车服务集团股份公司

项目名称	基本情况
英文名称	China Grand Automotive Services Group Co.，Ltd.
证券简称	广汇汽车
证券代码	600297
曾用名	美罗药业 ->S 美罗 -> 美罗药业
注册地址	辽宁省大连市甘井子区华北路 699 号
办公地址	上海市闵行区虹莘路 3998 号
主营业务	乘用车经销与汽车服务业务及融资租赁业务
产品名称	汽车销售，乘用车，汽车租赁
经营范围	汽车及配件销售、二手车销售；汽车维修；汽车保险代理；汽车及配件进出口的项目开发；汽车装饰装潢；汽车租赁；汽车信息咨询

资料来源：国泰君安证券富易软件。

根据表 8-2 我们可以发现，该网络的核心企业——广汇汽车主要的经营业务是与汽车相关的业务，包括汽车销售、租赁以及维修等。

我们得到了核心企业 2013~2019 年的财务状况，如表 8-3 所示：

表 8-3　核心企业财务状况　　　　　　　　单位：亿元，%

年份	营业总收入	利润总额	营业总收入同比增长率	利润同比增长率
2019	1704.56	45.47	2.58	−13.51
2018	1661.73	52.57	3.40	−8.53
2017	1607.12	57.47	18.67	44.54
2016	1354.22	39.76	44.53	47.26
2015	937.00	27.00	8.50	68.43
2014	863.57	16.03	−13.09	−35.80
2013	992.61	24.97	—	—

资料来源：国泰君安证券富易软件。

根据表 8-3 我们可以发现，核心企业——广汇汽车的营业收入和总利润在 2016 年和 2017 年中有较大的提升，但是之后该企业的营业收入增长出现停滞，同时利润总额出现一定程度的下降，由此我们可以发现该企业在最近两年的盈利增长水平较弱，同时由于该企业在资金担保链的核心位置所处的风险较大，因此未来需要密切关注该企业的经营状况。

我们获得了截至 2019 年底该核心企业十大股东信息，如表 8-4 所示：

表 8-4　核心企业十大股东　　　　　　单位：亿股，%

股东名称	持股数	占总股本比
新疆广汇实业投资（集团）有限责任公司	26.71	32.73
CHINA GRAND AUTOMOTIVE（MAURITIUS）LIMITED	17.39	21.31
鹰潭市锦胜投资有限合伙企业	5.40	6.62
泰达宏利基金—招商银行—大业信托—大业信托·增利 1 号集合资金信托计划	1.99	2.44
Blue Chariot Investment Limited	1.89	2.32
中国证券金融股份有限公司	1.21	1.48
深圳市银天使资产管理有限公司—银天使 2 号私募证券投资基金	1.17	1.44
新疆友源股权投资合伙企业（有限合伙）	1.11	1.36
北信瑞丰基金—招商银行—华鑫国际信托—华鑫信托·慧智投资 110 号集合资金信托计划	0.99	1.22
诺德基金—招商银行—华宝信托—华宝—广汇 1 号单一资金信托	0.99	1.22

资料来源：国泰君安证券富易软件。

8.1.3　资金担保链发展趋势

为了研究该网络的发展趋势，我们得到了该网络中公司总数随年份变化情况，如表 8-5 所示。

表 8-5　东北地区典型网络发展趋势　　　　　　单位：家

年份	网络编号	企业总数	上市公司总数	非上市公司总数
2015	1589	353	1	352
2016	1589	491	1	490
2017	1589	491	1	490
2018	1589	491	1	490
2019	1589	491	1	490

资料来源：根据国泰安数据库 2015~2019 年资料计算整理所得。

从表 8-5 中我们可以发现，该资金担保链的编号为 1589，出现于 2015 年。在 2015 年，该网络中的企业总数为 353 家，其中上市公司总数为 1 家，非上市公司总数为 352 家。该网络于 2016 年趋于稳定，企业总数增加到 491 家，其中上市公司总数未变，仍为 1 家，非上市公司总数为 490 家。

8.1.4　资金担保链企业分布

表 8-6 统计了 1589 号网络内上市公司的行业分布情况。从表中可以看出，该网络内只有 1 家上市公司，这家上市公司是批发和零售企业。

表 8-6　行业分布情况（东北地区）　　　　　单位：家

年份	网络编号	行业名称	企业数量
2019	1589	批发和零售业	1

资料来源：根据国泰安数据库 2019 年资料计算整理所得。

表 8-7 统计了 1589 号网络内上市公司的产权性质分布情况。该企业为非国有企业。

表 8-7　产权性质分布情况（东北地区）　　　　　单位：家

年份	网络编号	产权性质	企业数量
2019	1589	非国有企业	1
2019	1589	国有企业	0

资料来源：根据国泰安数据库 2018~2019 年资料计算整理所得。

表 8-8 统计了 1589 号网络内上市公司是否 ST 的分布情况。从表 8-8 中可以看出，该企业为非 ST 企业。

表 8-8　是否 ST 分布情况（东北地区）　　　　　单位：家

年份	网络编号	是否 ST	企业数量
2019	1589	否	1
2019	1589	是	0

资料来源：根据国泰安数据库 2018~2019 年资料计算整理所得。

8.1.5　资金担保链财务分析

8.1.5.1　盈利能力

表 8-9 对 1589 号网络内上市公司的盈利能力进行了描述性统计。其中，

净资产收益率、总资产报酬率、营业利润率、成本费用利润率和资本收益率的数值均为正值，但是绝对值不大。该企业始终保持盈利，但是盈利水平不高。盈余现金保障倍数的平均值为 2.37，表明这家企业的利润大部分能够收回，显示了该企业具有较高的现金回收能力。

表 8-9　盈利能力描述性统计（东北地区）

财务指标	样本量	平均值	标准差	最小值	中位数	最大值
净资产收益率	1	0.07	—	0.07	0.07	0.07
总资产报酬率	1	0.02	—	0.02	0.02	0.02
营业利润率	1	0.03	—	0.03	0.03	0.03
盈余现金保障倍数	1	2.37	—	2.37	2.37	2.37
成本费用利润率	1	0.03	—	0.03	0.03	0.03
资本收益率	1	0.15	—	0.15	0.15	0.15

资料来源：根据国泰安数据库 2008~2019 年资料计算整理所得。

8.1.5.2　资产质量

表 8-10 对 1589 号网络内上市公司的资产质量进行了描述性统计。其中，总资产周转率的平均值为 1.20，这表明该企业的总资产周转水平良好，资产运营水平较高。应收账款周转率的平均值为 58.04，表明该网络内企业的应收账款管理能力十分优秀。流动资产周转率的平均值为 1.98，表明该企业的流动资产运营效率较高。资产现金回收率的平均值为 0.06，表明该企业的现金回收能力保持着良好水平。

表 8-10　资产质量描述性统计（东北地区）

财务指标	样本量	平均值	标准差	最小值	中位数	最大值
总资产周转率	1	1.20	—	1.20	1.20	1.20
应收账款周转率	1	58.04	—	58.04	58.04	58.04
流动资产周转率	1	1.98	—	1.98	1.98	1.98
资产现金回收率	1	0.06	—	0.06	0.06	0.06

资料来源：根据国泰安数据库 2008~2019 年资料计算整理所得。

8.1.5.3　偿债能力

表 8-11 对 1589 号网络内上市公司的偿债能力进行了描述性统计。资产负债率的平均值为 0.68，资产负债水平比较合理。速动比率的平均值为 0.85，现金流动负债比率的平均值为 0.10，表明该上市公司的流动性偏低，具有一

定的短期偿债能力。带息负债比率的平均值和预计负债比率的平均值都为0.00，表明该上市公司的财务费用负担不重，预计负债的风险较小。

表 8-11　偿债能力描述性统计（东北地区）

财务指标	样本量	平均值	标准差	最小值	中位数	最大值
资产负债率	1	0.68	—	0.68	0.68	0.68
速动比率	1	0.85	—	0.85	0.85	0.85
现金流动负债比率	1	0.10	—	0.10	0.10	0.10
带息负债比率	1	0.00	—	0.00	0.00	0.00
预计负债比率	1	0.00	—	0.00	0.00	0.00

资料来源：根据国泰安数据库 2008~2019 年资料计算整理所得。

8.1.5.4　运营能力

表 8-12 对 1589 号网络内上市公司的运营能力进行了描述性统计。其中，营业增长率的平均值为 0.03，营业利润增长率的平均值和中位数都为 0.14，表明该企业的营业业绩正在稳步增长。资本保值增值率的平均值为 0.97，总资产增长率的平均值为 0.00，表明该企业的资本规模正在萎缩。技术投入比率的平均值为 0.00，可能是由于该企业为批发和零售业，不需要进行大量的技术研发。

表 8-12　运营能力描述性统计（东北地区）

财务指标	样本量	平均值	标准差	最小值	中位数	最大值
营业增长率	1	0.03	—	0.03	0.03	0.03
资本保值增值率	1	0.97	—	0.97	0.97	0.97
营业利润增长率	1	0.14	—	0.14	0.14	0.14
总资产增长率	1	0.00	—	0.00	0.00	0.00
技术投入比率	1	0.00	—	0.00	0.00	0.00

资料来源：根据国泰安数据库 2008~2019 年资料计算整理所得。

8.1.5.5　补充财务指标

表 8-13 对 1589 号网络内上市公司的补充财务指标进行了描述性统计。其中，存货周转率的平均值为 7.98，表明该企业的存货管理效率较高，而大部分成员的存货管理效率较低。"两金"占流动资产比率的平均值为 0.25，表明"两金"占流动资产比率偏低，"两金"管理效率偏高。成本费用占营业收入比率的平均值为 0.97，EBITDA 利润率的平均值为 0.06，这反映出该企业盈利能力不强。资本累积率的平均值为 0.03，反映出该网络成员企业的

资产规模保持着原先的水平。

表 8-13　补充财务指标描述性统计

财务指标	样本量	平均值	标准差	最小值	中位数	最大值
存货周转率	1	7.98	—	7.98	7.98	7.98
"两金"占流动资产比率	1	0.25	—	0.25	0.25	0.25
成本费用占营业收入比率	1	0.97	—	0.97	0.97	0.97
EBITDA 利润率	1	0.06	—	0.06	0.06	0.06
资本累积率	1	0.03	—	0.03	0.03	0.03

资料来源：根据国泰安数据库 2008~2019 年资料计算整理所得。

8.2　华北地区典型资金担保链监测分析

8.2.1　资金担保链拓扑结构

图 8-2 展现了 2019 年华北地区网络节点最大的资金担保链。该网络的平均路径长度为 1.206，网络直径为 3，平均聚类系数为 0.018，其中最大节点的度数为 501。该网络的核心企业为上市公司——中国电建，全名为中国电力建设股份有限公司。

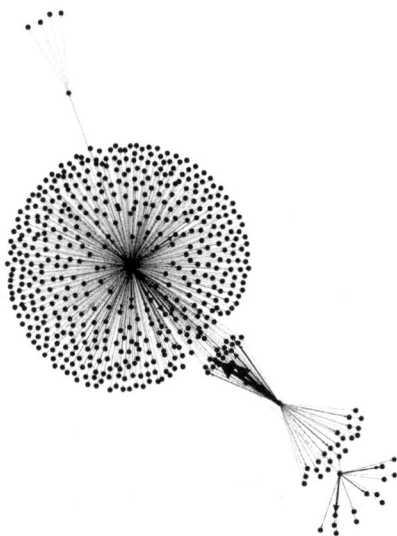

图 8-2　2019 年华北地区网络节点最大的资金担保链

资料来源：根据国泰安数据库 2008~2019 年资料计算整理所得。

8.2.2 核心企业与关键链路

8.2.2.1 关键链路

我们找出了该网络的关键链路，链路具体信息如表 8-14 所示：

表 8-14 2019 年华北地区网络节点最大资金担保链的关键链路

项目名称	基本情况
年份	2019 年
网络编号	760
Out Node	30706
In Node	716
担保企业股票代码	无
担保企业名称	武汉大本营商业管理有限公司
被担保企业股票代码	002305
被担保企业名称	南国置业
边的中间中心度	53
是否接近中心度最大值	1
是否中间中心度最大值	1
是否聚类系数最大值	1
是否边的中间中心度最大值	1
是否担保金额最大值	1
是否担保期限最大值	1
是否度数最大值	1
总分	6
担保金额	204000 万元
担保期限	0 年
顶点度数和	48
顶点接近中心度之和	3
顶点中间中心度之和	81
顶点聚类系数之和	1

资料来源：根据国泰安数据库 2008~2019 年资料计算整理所得。

根据表 8-14 我们可以发现，该网络的关键链路是由非上市公司——武汉大本营商业管理有限公司对网络中的上市公司——南国置业进行担保的一条担保链，其中担保金额为 20.4 亿元。

8.2.2.2 核心企业

我们对核心企业进行分析，首先得到核心企业的基本情况，如表 8–15 所示：

表 8-15 核心企业基本情况

项目名称	基本情况
公司名称	中国电力建设股份有限公司
英文名称	Power Construction Corporation of China，Ltd.
证券简称	中国电建
证券代码	601669
曾用名	中国水电
注册地址	北京市海淀区车公庄西路 22 号
办公地址	北京市海淀区车公庄西路 22 号
主营业务	工程承包、电力投资与运营、设备制造与租赁、房地产开发
产品名称	水电工程
经营范围	水利、电力、公路、铁路、港口、航道、机场、房屋、市政工程设施、城市轨道工程施工、设计、咨询和监理；相关工程技术研究、勘测、设计、服务及设备制造；电力生产；招标代理；房地产开发经营；实业投资及管理；进出口业务；人员培训

资料来源：国泰君安证券富易软件。

根据表 8–15 我们可以发现，该网络的核心企业——中国电建主要的经营业务是与水电建设相关的业务，包括电力设施的制造、相关工程技术的研究等。

我们得到了核心企业 2013~2019 年的财务状况，如表 8–16 所示：

表 8-16 核心企业财务状况   单位：亿元，%

年份	营业总收入	利润总额	营业总收入同比增长率	利润同比增长率
2019	3484.78	136.86	18.02	7.34
2018	2952.80	127.50	10.61	16.85
2017	2668.20	109.11	11.65	11.62

年份	营业总收入	利润总额	营业总收入同比增长率	利润同比增长率
2016	2389.68	97.75	13.30	25.55
2015	2109.21	77.86	11.05	15.38
2014	1670.91	67.48	15.36	5.90
2013	1448.37	63.72	—	—

资料来源：国泰君安证券富易软件。

根据表 8-16 我们可以发现，核心企业——中国电建的营业收入和利润总额都较大，同时两者的增长率每年都是正的，表明该企业的发展能力较强。2019 年该企业的净利润总额的增长放缓，但营业收入依旧保持稳定增长，因此作为核心企业，该企业的财务状况较好。

我们获得了截至 2019 年底该核心企业十大股东信息，如表 8-17 所示：

表 8-17　核心企业十大股东　　　　　　　　单位：亿股，%

股东名称	持股数	占流通股比
中国电力建设集团有限公司	47.71	42.81 A 股
北京诚通金控投资有限公司	4.72	4.24 A 股
中国证券金融股份有限公司	4.57	4.10 A 股
中原股权投资管理有限公司	3.48	3.12 A 股
建信基金—工商银行—陕西省国际信托—陕国投·财富尊享 30 号定向投资集合资金信托计划	3.02	2.71 A 股
诺德基金—民生银行—诺德千金 209 号特定客户资产管理计划	2.57	2.31 A 股
香港中央结算有限公司	1.62	1.45 A 股
民生加银基金—平安银行—嘉兴民臻投资合伙企业（有限合伙）	1.54	1.39 A 股
国寿安保基金—建设银行—人寿保险—中国人寿保险（集团）公司委托国寿安保基金混合型组合	1.54	1.39 A 股
广州国资发展控股有限公司	1.54	1.39 A 股

资料来源：国泰君安证券富易软件。

8.2.3　资金担保链发展趋势

为了研究该网络的发展趋势，我们得到了该网络中公司总数随年份变化情况，如表 8-18 所示。

表 8-18　华北地区典型网络发展趋势　　　　　　　　　单位：家

年份	网络编号	企业总数	上市公司总数	非上市公司总数
2010	760	5	1	4
2011	760	6	1	5
2012	760	12	1	11
2013	760	12	1	11
2014	760	147	2	145
2015	760	250	2	248
2016	760	321	2	319
2017	760	342	3	339
2018	760	417	3	414
2019	760	523	4	519

资料来源：根据国泰安数据库 2010~2019 年资料计算整理所得。

根据表 8-18 我们可以发现，该资金担保链的编号为 760，出现于 2010 年。在 2010 年，该网络中的企业总数为 5 家，其中上市公司总数为 1 家，非上市公司总数为 4 家。该网络在 2019 年仍在不断发展，截至 2019 年，该网络的企业总数增加到 523 家，其中上市公司总数增加到 4 家，非上市公司总数增加到 519 家。

8.2.4　资金担保链企业分布

表 8-19 统计了 760 号网络内上市公司的行业分布情况。从表中可以看出，760 号网络内上市公司来自不同的行业，其中，电力、热力、燃气及水生产和供应业，建筑业，交通运输、仓储和邮政业，房地产业各 1 家。在该资金担保链中，行业分布较为均匀，没有显现出资金担保链形成的聚群效应，这也可能是由于资金担保链内上市公司数量不多的原因造成的。

表 8-19　行业分布情况（华北地区）　　　　　　　　　单位：家

年份	网络编号	行业名称	企业数量
2019	760	电力、热力、燃气及水生产和供应业	1
2019	760	建筑业	1
2019	760	交通运输、仓储和邮政业	1
2019	760	房地产业	1

资料来源：根据国泰安数据库 2019 年资料计算整理所得。

表 8-20 统计了 760 号网络内上市公司的产权性质分布情况。从表中可以看出，该网络内的 4 家上市公司均为国有企业。

表 8-20　产权性质分布情况（华北地区）　　　　　　　　单位：家

年份	网络编号	产权性质	企业数量
2019	760	非国有企业	0
2019	760	国有企业	4

资料来源：根据国泰安数据库 2019 年资料计算整理所得。

表 8-21 统计了 760 号网络内上市公司是否 ST 的分布情况。从表中可以看出，该网络内的 4 家上市公司都是非 ST。这也进一步表明，资金担保链的成员是以非 ST 企业为主。

表 8-21　是否 ST 分布情况（华北地区）　　　　　　　　单位：家

年份	网络编号	是否 ST	企业数量
2019	760	否	4
2019	760	是	0

资料来源：根据国泰安数据库 2019 年资料计算整理所得。

8.2.5　资金担保链财务分析

8.2.5.1　盈利能力

表 8-22 对 760 号网络内上市公司的盈利能力进行了描述性统计。其中，净资产收益率、总资产报酬率、营业利润率、成本费用利润率和资本收益率的平均值和中位数均为正值，但是绝对值较小，最小值都大于等于 0。这表明资金担保链内的上市公司普遍是盈利的，但是盈利能力不足。从盈余现金保障倍数来看，平均值和中位数分别为 4.57 和 3.02，表明这些企业的利润大部分能够收回，显示了资金担保链的成员具有较高的现金回收能力。

表 8-22　盈利能力描述性统计（华北地区）

财务指标	样本量	平均值	标准差	最小值	中位数	最大值
净资产收益率	4	0.04	0.020	0.02	0.05	0.06
总资产报酬率	4	0.02	0.013	0.01	0.01	0.04
营业利润率	4	0.08	0.103	0.01	0.03	0.23
盈余现金保障倍数	4	4.57	4.755	0.87	3.02	11.36

续表

财务指标	样本量	平均值	标准差	最小值	中位数	最大值
成本费用利润率	4	0.09	0.141	0.01	0.03	0.30
资本收益率	4	0.11	0.104	0.04	0.07	0.26

资料来源：根据国泰安数据库 2008~2019 年资料计算整理所得。

8.2.5.2　资产质量

表 8-23 对 760 号网络内上市公司的资产质量进行了描述性统计。其中，总资产周转率的平均值和中位数分别为 0.69 和 0.35，最小值和最大值分别为 0.18 和 1.88，表明网络内企业的总资产周转能力一般。应收账款周转率的平均值和中位数都很大，表明该网络内企业的应收账款管理能力十分优秀。流动资产周转率的平均值为 1.39，中位数为 0.78，表明该网络整体的资产运营效率良好。资产现金回收率的均值和中位数较小，但均为正值，表明该网络内的现金回收能力都保持着正常水平。

表 8-23　资产质量描述性统计（华北地区）

财务指标	样本量	平均值	标准差	最小值	中位数	最大值
总资产周转率	4	0.69	0.802	0.18	0.35	1.88
应收账款周转率	4	10.94	11.585	1.54	7.18	27.85
流动资产周转率	4	1.39	1.601	0.26	0.78	3.75
资产现金回收率	4	0.05	0.029	0.01	0.05	0.08

资料来源：根据国泰安数据库 2008~2019 年资料计算整理所得。

8.2.5.3　偿债能力

表 8-24 对 760 号网络内上市公司的偿债能力进行了描述性统计。资产负债率的平均值和中位数都为 0.60，最小值和最大值分别为 0.39 和 0.82，表明该网络内大多数成员的资产负债水平比较合理。速动比率的平均值和中位数分别为 1.16 和 0.97，现金流动负债比率的平均值和中位数分别为 0.21 和 0.16，表明该网络内上市公司的流动性良好，具有一定的偿债能力。带息负债比率和预计负债比率的平均值和中位数都为 0.00，表明该网络内上市公司的财务费用负担不重，预计负债的风险较小。

表 8-24　偿债能力描述性统计（华北地区）

财务指标	样本量	平均值	标准差	最小值	中位数	最大值
资产负债率	4	0.60	0.220	0.39	0.60	0.82

续表

财务指标	样本量	平均值	标准差	最小值	中位数	最大值
速动比率	4	1.16	0.863	0.40	0.97	2.31
现金流动负债比率	4	0.21	0.200	0.03	0.16	0.50
带息负债比率	4	0.00	0.000	0.00	0.00	0.00
预计负债比率	4	0.00	0.002	0.00	0.00	0.00

资料来源：根据国泰安数据库 2008~2019 年资料计算整理所得。

8.2.5.4 运营能力

表 8-25 对 760 号网络内上市公司的运营能力进行了描述性统计。其中，营业增长率的平均值和中位数分别为 0.24 和 0.18，营业利润增长率的平均值和中位数分别为 0.46 和 0.10，表明网络成员的营业业绩正在不断增长。资本保值增值率的平均值和中位数分别为 1.09 和 1.02，总资产增长率的平均值和中位数分别为 0.09 和 0.11，表明网络成员在良好的运营状态下，企业资本正在稳步积累。技术投入比率的平均值和中位数分别为 1.01 和 0.39，最小值和最大值分别为 0.00 和 3.25，表明该网络内企业的技术研发投资较多。

表 8-25 运营能力描述性统计（华北地区）

财务指标	样本量	平均值	标准差	最小值	中位数	最大值
营业增长率	4	0.24	0.242	0.01	0.18	0.58
资本保值增值率	4	1.09	0.177	0.97	1.02	1.35
营业利润增长率	4	0.46	0.760	0.02	0.10	1.59
总资产增长率	4	0.09	0.053	0.02	0.11	0.14
技术投入比率	4	1.01	1.522	0.00	0.39	3.25

资料来源：根据国泰安数据库 2008~2019 年资料计算整理所得。

8.2.5.5 补充财务指标

表 8-26 对 760 号网络内上市公司的补充财务指标进行了描述性统计。其中，存货周转率的平均值和中位数分别为 13.59 和 11.87，最小值和最大值分别为 0.32 和 30.31，表明成员企业的存货管理效率较高。"两金"占流动资产比率的平均值和中位数都为 0.55，最小值和最大值分别为 0.24 和 0.88，表明网络成员的"两金"管理效率正常。成本费用占营业收入比率的平均值和中位数分别为 0.73 和 0.97，EBITDA 利润率的平均值和中位数分别为 0.16 和 0.05，反映出该网络内成员企业的盈利能力不强。资本累积率的平均值和中位数分别为 0.11

和 0.03，反映出该网络内成员企业的经营状态良好，资本正在不断累积。

表 8-26　补充财务指标描述性统计

财务指标	样本量	平均值	标准差	最小值	中位数	最大值
存货周转率	4	13.59	14.768	0.32	11.87	30.31
"两金"占流动资产比率	4	0.55	0.262	0.24	0.55	0.88
成本费用占营业收入比率	4	0.73	0.490	0.00	0.97	1.00
EBITDA 利润率	4	0.16	0.255	0.01	0.05	0.54
资本累积率	4	0.11	0.164	0.02	0.03	0.35

资料来源：根据国泰安数据库 2008~2019 年资料计算整理所得。

8.3　华东地区典型资金担保链监测分析

8.3.1　资金担保链拓扑结构

图 8-3 展现了 2019 年华东地区网络节点最大的资金担保链。该网络的平均路径长度为 3.316，网络直径为 7，平均聚类系数为 0.003。该网络的平均度为 1.007，其中最大节点的度数为 422。该网络的核心企业为上市公司——阳光城，公司全称为阳光城集团股份有限公司。

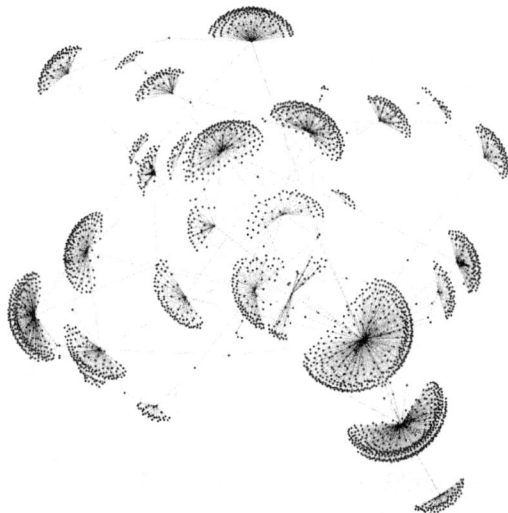

图 8-3　2019 年华东地区网络节点最大的资金担保链

资料来源：根据国泰安数据库 2008~2019 年资料计算整理所得。

8.3.2 核心企业与关键链路

8.3.2.1 关键链路

我们找出了该网络的关键链路，链路具体信息如表 8-27 所示：

表 8-27 2019 年华东地区网络节点最大资金担保链的关键链路

项目名称	基本情况
年份	2019 年
网络编号	342
Out Node	2155
In Node	9087
担保企业股票代码	600376
担保企业名称	首开股份
被担保企业股票代码	无
被担保企业名称	中国金茂控股集团有限公司
边的中间中心度	12137
是否接近中心度最大值	1
是否中间中心度最大值	1
是否聚类系数最大值	1
是否边的中间中心度最大值	1
是否担保金额最大值	1
是否担保期限最大值	1
是否度数最大值	1
总分	6
担保金额	0 万元
担保期限	2 年
顶点度数和	126
顶点接近中心度之和	5
顶点中间中心度之和	25891
顶点聚类系数之和	0

资料来源：根据国泰安数据库 2008~2019 年资料计算整理所得。

根据表 8-27 我们可以发现，该网络的关键链路并不是核心企业所在的那条链，而是由上市公司——首开股份对非上市公司中国金茂控股集团有限公司进行担保的一条担保链。

8.3.2.2　核心企业

我们对核心企业进行分析，得到核心企业的基本情况，如表 8-28 所示：

表 8-28　核心企业基本情况

项目名称	基本情况
公司名称	阳光城集团股份有限公司
英文名称	Yango Group Co.，Ltd.
证券简称	阳光城
证券代码	000671
曾用名	石狮新发 –> 阳光发展 ->G 闽阳光 -> 阳光发展
注册地址	福建省福州经济技术开发区星发路 8 号
办公地址	上海市杨浦区杨树浦路 1058 号滨江国际广场 1 号楼
主营业务	房地产开发与销售
产品名称	福建地产，重庆地产，房屋建筑，物业租赁及管理，酒店
经营范围	对外贸易（不含国家禁止、限制的商品和技术）；电力生产，代购代销电力产品和设备；电子通信技术开发，生物技术产品开发，农业及综合技术开发；基础设施开发、房地产开发；家用电器及电子产品、机械电子设备、五金交电、建筑材料，百货、针纺织品、化工产品（不含危险化学品及易制毒化学品）、重油（不含成品油）、润滑油、燃料油（不含成品油）、金属材料的批发、零售；化肥的销售；对医疗业的投资及管理；批发兼零售预包装食品；企业管理咨询服务

资料来源：国泰君安证券富易软件。

根据表 8-28 我们可以发现，该网络的核心企业——阳光城主要的经营业务是与房地产开发和销售相关的业务，同时也涉及了医疗、化工等业务。

我们得到了核心企业 2013~2019 年的财务状况，如表 8-29 所示：

表 8-29　核心企业财务状况　　　　　　　　单位：亿元，%

年份	营业总收入	利润总额	营业总收入同比增长率	利润同比增长率
2019	610.49	67.71	8.11	5.98
2018	564.70	63.89	70.28	77.28

续表

年份	营业总收入	利润总额	营业总收入同比增长率	利润同比增长率
2017	331.63	36.04	69.22	75.55
2016	195.98	20.53	−12.43	−13.01
2015	223.80	23.60	61.08	28.33
2014	138.94	18.39	86.64	106.40
2013	74.44	8.91	—	—

资料来源：国泰君安证券富易软件。

根据表 8-29 我们可以发现，核心企业——阳光城的营业收入和利润总额增长速度不够稳定，甚至在 2016 年增长率出现负数，但增长率较高时能达到 106.40%。由此可见，该公司的发展水平不够稳定，需要给予关注。

我们获得了截至 2019 年底该核心企业十大股东信息，如表 8-30 所示：

表 8-30　核心企业十大股东　　　　　　　　　单位：亿股，%

股东名称	持股数	占总股本比
福建阳光集团有限公司	7.48	18.31
上海嘉闻投资管理有限公司	7.00	17.15
东方信隆资产管理有限公司	6.20	15.20
福建康田实业集团有限公司	4.12	10.09
华夏人寿保险股份有限公司——传统产品	1.08	2.65
华夏人寿保险股份有限公司——自有资金	0.70	1.71
香港中央结算有限公司	0.60	1.47
中国证券金融股份有限公司	0.50	1.22
东莞市惠丰资产管理有限公司——惠丰财富策略 1 号证券投资基金	0.31	0.76
何媚	0.30	0.72

资料来源：国泰君安证券富易软件。

8.3.3　资金担保链发展趋势

为了研究该网络的发展趋势，我们得到了该网络中公司总数随年份变化情况，如表 8-31 所示：

表 8-31　华东地区典型网络发展趋势　　　　　　　　单位：家

年份	网络编号	企业总数	上市公司总数	非上市公司总数
2009	342	4	1	3
2010	342	4	1	3
2011	342	5	1	4
2012	342	5	1	4
2013	342	5	1	4
2014	342	8	1	7
2015	342	16	1	15
2016	342	23	1	22
2017	342	36	1	35
2018	342	1828	20	1808
2019	342	2699	32	2667

资料来源：根据国泰安数据库 2009~2019 年资料计算整理所得。

根据表 8-31 我们可以发现，该资金担保链的编号为 342，出现于 2009 年。2009 年，该网络中的企业总数为 4 家，其中上市公司总数为 1 家，非上市公司总数为 3 家。该网络在 2019 年仍在不断发展，同时我们发现，在 2018 年网络中的企业总数出现了较大的提升。截至 2019 年，该网络的企业总数增加到 2699 家，其中上市公司总数增加到 32 家，非上市公司总数增加到 2667 家。

8.3.4　资金担保链企业分布

表 8-32 统计了 342 号网络内上市公司的行业分布情况。从表 8-32 中可以看出，342 号网络内上市公司来自不同的行业，其中房地产业的数量最多，有 17 家，数量排名第二的是制造业 6 家、批发和零售业 6 家，其他行业只有 1 家。在 342 号资金担保链中，行业分布最多的企业数量是行业分布第二多企业数量的 2 倍以上，这表明资金担保链的形成有一定的行业聚群效应。

表 8-32 行业分布情况（华东地区）　　　　　　　　　单位：家

年份	网络编号	行业名称	企业数量
2019	342	采矿业	1
2019	342	制造业	6
2019	342	电力、热力、燃气及水生产和供应业	1
2019	342	批发和零售业	6
2019	342	房地产业	17
2019	342	其他	1

资料来源：根据国泰安数据库 2019 年资料计算整理所得。

表 8-33 统计了 342 号网络内上市公司的产权性质分布情况。从表 8-33 中可以看出，342 号网络内上市公司具有不同的产权性质。其中，非国有企业 15 家，国有企业 17 家。从产权性质看，342 号资金担保链的产权性质分布没有显著的特征。

表 8-33 产权性质分布情况（华东地区）　　　　　　　　　单位：家

年份	网络编号	产权性质	企业数量
2019	342	非国有企业	15
2019	342	国有企业	17

资料来源：根据国泰安数据库 2019 年资料计算整理所得。

表 8-34 统计了 342 号网络内上市公司是否 ST 的分布情况。从表 8-34 中可以看出，342 号网络内上市公司都是非 ST，这也进一步表明，资金担保链的成员是以非 ST 企业为主。

表 8-34 是否 ST 分布情况（华东地区）　　　　　　　　　单位：家

年份	网络编号	是否 ST	企业数量
2019	342	否	32
2019	342	是	0

资料来源：根据国泰安数据库 2019 年资料计算整理所得。

8.3.5　资金担保链财务分析

8.3.5.1　盈利能力

表 8-35 对 342 号网络内上市公司的盈利能力进行了描述性统计。其中，净资产收益率、总资产报酬率、营业利润率、成本费用利润率和资本收益率的平均值和中位数均为正值，最小值都大于等于 0，最大值也非常可观，表明资金担保链上的上市公司盈利能力普遍较强，是质量相当优秀的公司。因此，上市公司通常在资金担保链内扮演担保人的角色。从盈余现金保障倍数来看，其平均值和中位数分别为 3.55 和 1.45，表明这些企业的利润大部分能够收回，显示了资金担保链的成员具有较高的盈利水平。

表 8-35　盈利能力描述性统计（华东地区）

财务指标	样本量	平均值	标准差	最小值	中位数	最大值
净资产收益率	32	0.23	0.500	0.02	0.12	2.85
总资产报酬率	32	0.06	0.106	0.00	0.03	0.61
营业利润率	32	0.23	0.355	0.00	0.14	1.97
盈余现金保障倍数	32	3.55	6.368	0.05	1.45	32.43
成本费用利润率	32	0.31	0.502	0.00	0.18	2.56
资本收益率	32	0.43	0.342	0.00	0.34	1.31

资料来源：根据国泰安数据库 2008~2019 年资料计算整理所得。

8.3.5.2　资产质量

表 8-36 对 342 号网络内上市公司的资产质量进行了描述性统计。其中，总资产周转率的平均值和中位数分别为 0.68 和 0.27，最小值和最大值分别为 0.09 和 5.58，表明网络内企业的总资产周转率普遍不高，只有很少一部分企业的总资产周转率很高。应收账款周转率的平均值和中位数都很大，表明该网络内企业的应收账款管理能力十分优秀。流动资产周转率的平均值为 1.07，表明该网络整体的资产运营效率良好，但是流动资产周转率的最小值为 0.12，最大值为 6.22，中位数为 0.33，表明流动资产周转率的分布是左偏的，大部分上市公司的流动资产周转速度较慢，少数企业的流动资产速度周转较快。资产现金回收率的平均值和中位数较小，但是都保持为正值，表明该网络内企业的现金回收能力并不卓越，但是都保持着正常水平。

表 8-36 资产质量描述性统计（华东地区）

财务指标	样本量	平均值	标准差	最小值	中位数	最大值
总资产周转率	32	0.68	1.158	0.09	0.27	5.58
应收账款周转率	32	248.99	894.754	0.80	38.27	4973.72
流动资产周转率	32	1.07	1.543	0.12	0.33	6.22
资产现金回收率	32	0.06	0.053	0.00	0.05	0.18

资料来源：根据国泰安数据库 2008~2019 年资料计算整理所得。

8.3.5.3 偿债能力

表 8-37 对 342 号网络内上市公司的偿债能力进行了描述性统计。资产负债率的平均值和中位数分别为 0.71 和 0.77，表明该网络内的资产负债水平较高，这与该网络中大多数上市公司是房地产行业企业有关；其最小值和最大值分别为 0.15 和 1.18，表明网络内的资产负债率的分布与正态分布接近。速动比率的平均值和中位数分别为 0.80 和 0.54，现金流动负债比率的平均值和中位数分别为 0.14 和 0.10，表明该网络内上市公司的流动性良好，具有一定的偿债能力，但是现金持有量有所不足。带息负债比率和预计负债比率的平均值和中位数都为 0.00，表明该网络内上市公司的财务费用负担不重，预计负债的风险较小。

表 8-37 偿债能力描述性统计（华东地区）

财务指标	样本量	平均值	标准差	最小值	中位数	最大值
资产负债率	32	0.71	0.210	0.15	0.77	1.18
速动比率	32	0.80	0.840	0.09	0.54	4.64
现金流动负债比率	32	0.14	0.126	0.01	0.10	0.48
带息负债比率	32	0.00	0.000	0.00	0.00	0.00
预计负债比率	32	0.00	0.001	0.00	0.00	0.00

资料来源：根据国泰安数据库 2008~2019 年资料计算整理所得。

8.3.5.4 运营能力

表 8-38 对 342 号网络内上市公司的运营能力进行了描述性统计。其中，营业增长率的平均值和中位数分别为 0.29 和 0.20，营业利润增长率的平均值和中位数分别为 0.61 和 0.37，表明网络成员的营业业绩正在稳步增长。资本

保值增值率的平均值和中位数分别为 1.08 和 1.11，总资产增长率的平均值和中位数分别为 0.19 和 0.14，表明网络成员在良好的运营状态下，企业资本正在不断积累。技术投入比率的平均值和中位数分别为 1.87 和 0.00，表明只有少数网络成员投资了技术研发。

表 8-38　运营能力描述性统计（华东地区）

财务指标	样本量	平均值	标准差	最小值	中位数	最大值
营业增长率	32	0.29	0.354	0.02	0.20	1.81
资本保值增值率	32	1.08	0.238	0.18	1.11	1.42
营业利润增长率	32	0.61	0.890	0.00	0.37	4.38
总资产增长率	32	0.19	0.177	0.01	0.14	0.65
技术投入比率	32	1.87	3.765	0.00	0.00	13.94

资料来源：根据国泰安数据库 2008~2019 年资料计算整理所得。

8.3.5.5　补充财务指标

表 8-39 对 342 号网络内上市公司的补充财务指标进行了描述性统计。其中，存货周转率的平均值和中位数分别为 8.01 和 0.31，最小值和最大值分别为 0.12 和 116.85，表明成员企业的存货周转率分布右偏，该网络中只有少部分企业的存货管理效率较高，而大部分成员的存货管理效率较低。"两金"占流动资产比率的平均值和中位数分别为 0.64 和 0.72，最小值和最大值分别为 0.02 和 0.92，表明网络成员的"两金"占流动资产比率偏高，"两金"管理效率偏低。成本费用占营业收入比率的平均值和中位数分别为 0.84 和 0.83，EBITDA 利润率的平均值和中位数分别为 0.25 和 0.19，表明该网络中的企业成本费用率较高，反映出盈利能力不强。资本累积率的平均值和中位数分别为 0.20 和 0.15，反映出该网络成员企业的经营状态良好，资本正在不断累积。

表 8-39　补充财务指标描述性统计（华东地区）

财务指标	样本量	平均值	标准差	最小值	中位数	最大值
存货周转率	32	8.01	21.136	0.12	0.31	116.85
"两金"占流动资产比率	32	0.64	0.236	0.02	0.72	0.92

续表

财务指标	样本量	平均值	标准差	最小值	中位数	最大值
成本费用占营业收入比率	32	0.84	0.247	0.00	0.83	1.56
EBITDA 利润率	32	0.25	0.323	0.02	0.19	1.85
资本累积率	32	0.20	0.218	0.02	0.15	1.18

资料来源：根据国泰安数据库 2008~2019 年资料计算整理所得。

8.4 华南地区典型资金担保链监测分析

8.4.1 资金担保链拓扑结构

图 8-4 展现了 2019 年华南地区网络节点最大的资金担保链。该网络的平均路径长度为 5.421，网络直径为 12，平均聚类系数为 0.007，该网络的平均度为 1.118，其中最大节点的度数为 299。该网络的核心企业为上市公司——怡亚通，公司全称为深圳市怡亚通供应链股份有限公司。

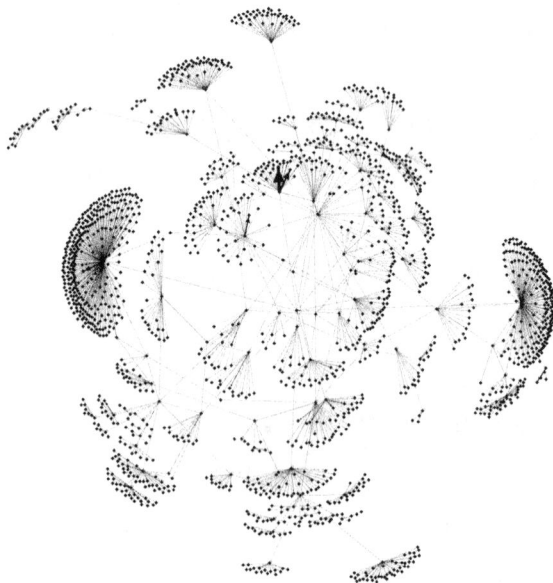

图 8-4　2019 年华南地区网络节点最大的资金担保链

资料来源：根据国泰安数据库 2008~2019 年资料计算整理所得。

8.4.2　核心企业与关键链路

我们找出了该网络的关键链路，链路具体信息如表 8-40 所示：

表 8-40　2019 年华南地区网络节点最大资金担保链的关键链路

项目名称	基本情况
年份	2019 年
网络编号	1641
Out Node	622
In Node	37178
担保企业股票代码	002197
担保企业名称	证通电子
被担保企业股票代码	无
被担保企业名称	深圳市高新投融资担保有限公司
边的中间中心度	15414.17
是否接近中心度最大值	1
是否中间中心度最大值	1
是否聚类系数最大值	1
是否边的中间中心度最大值	1
是否担保金额最大值	1
是否担保期限最大值	1
是否度数最大值	1
总分	6
担保金额	0 万元
担保期限	0 年
顶点度数和	40
顶点接近中心度之和	9
顶点中间中心度之和	47869
顶点聚类系数之和	0

资料来源：根据国泰安数据库 2008~2019 年资料计算整理所得。

我们对核心企业进行分析，得到核心企业的基本情况，如表 8-41 所示：

表 8-41 核心企业基本情况

项目名称	基本情况
公司名称	深圳市怡亚通供应链股份有限公司
英文名称	Eternal Asia Supply Chain Management Ltd.
证券简称	怡亚通
证券代码	002183
曾用名	无
注册地址	广东省深圳市宝安区新安街道兴华路南侧荣超滨海大厦 A 座 1713
办公地址	广东省深圳市龙岗区南湾街道李朗路 3 号怡亚通供应链整合物流中心 1 号楼
主营业务	广度平台业务、深度供应链业务、供应链生态公司
产品名称	供应链管理
经营范围	一般经营项目：国内商业（不含限制项目）；计算机软硬件开发；企业管理咨询；黄金、白银、K 金、铂金、钯金、钻石、珠宝等首饰的购销；化妆品的进出口及购销；汽车销售；初级农产品的购销以及其他国内贸易；机械设备租赁、计算机及通信设备租赁（不含金融租赁项目及其他限制项目）；网上贸易、进出口业务、供应链管理及相关配套服务；游戏机及配件的进出口、批发及销售；自有物业租赁；食品添加剂销售；化肥购销；铁矿石及镍矿石购销；饲料添加剂及煤炭的购销；铜精矿购销；有色金属制品的购销；润滑油的购销（以上不含法律、行政法规、国务院决定规定禁止的及需前置审批的项目，限制的项目须取得许可后方可经营）。许可经营项目：预包装食品（含冷藏冷冻食品），乳制品（含婴幼儿配方乳粉）批发；燃料油、沥青、页岩油的批发、进出口及相关配套业务（法律、行政法规、国务院决定规定禁止的及需前置审批的项目，限制的项目须取得许可后方可经营）；酒类的批发与零售；保健食品销售；特殊医学用途配方食品销售；大豆、大米、玉米的购销；天然气的购销（具体以工商实际登记为准）

资料来源：国泰君安证券富易软件。

根据表 8-41 我们可以发现，该网络的核心企业——怡亚通主要的经营业务是与供应链管理相关的业务，其包括的具体业务繁多，如贵金属销售、有色金属制品的销售、化工产品的销售等。

我们得到了核心企业 2013~2019 年的财务状况，如表 8-42 所示：

表 8-42　核心企业财务状况　　　　　　　　单位：亿元，%

年份	营业总收入	利润总额	营业总收入同比增长率	利润同比增长率
2019	720.25	0.22	2.79	−89.14
2018	700.72	2.04	2.27	−73.30
2017	685.15	7.64	17.54	15.23
2016	582.91	6.63	45.95	19.68
2015	399.39	5.54	18.14	32.22
2014	221.42	4.19	90.5	59.32
2013	116.23	2.63	—	—

资料来源：国泰君安证券富易软件。

　　根据表 8-42 我们可以发现，核心企业——怡亚通营业总收入增长较为稳定，每年可以保持正的增长率，但是从 2017 年开始，增长率开始下降，利润增长却不稳定；2013~2015 年，其增长率不断提高，但是之后增长率不断下降，甚至在 2018 年和 2019 年利润总额连续两年出现大幅度的下降，这说明该企业在近两年的盈利能力出现了一定的问题，需要加以关注。

　　我们获得了截至 2019 年底该核心企业十大股东信息，如表 8-43 所示：

表 8-43　核心企业十大股东　　　　　　　　单位：亿股，%

股东名称	持股数（股）	占流通股比
深圳市投资控股有限公司	3.88	18.32 A 股
深圳市怡亚通投资控股有限公司	3.79	17.88 A 股
万忠波	0.53	2.51 A 股
中国农业银行股份有限公司—中证 500 交易型开放式指数证券投资基金	0.15	0.71 A 股
香港中央结算有限公司	0.15	0.69 A 股
金鹰基金—工商银行—金鹰穗通 26 号资产管理计划	0.09	0.42 A 股
池益慧	0.08	0.36 A 股
张藤	0.05	0.26 A 股
王宏亮	0.05	0.24 A 股
王国寅	0.05	0.24 A 股

资料来源：国泰君安证券富易软件。

8.4.3 资金担保链发展趋势

为了研究该网络的发展趋势，我们得到了该网络中公司总数随年份变化趋势，如表 8-44 所示：

表 8-44 华南地区典型网络发展趋势　　　　　　　　单位：家

年份	网络编号	企业总数	上市公司总数	非上市公司总数
2016	1641	3	1	2
2017	1641	465	25	440
2018	1641	909	61	848
2019	1641	1706	99	1607

资料来源：根据国泰安数据库 2016~2019 年资料计算整理所得。

根据表 8-44 我们可以发现，该资金担保链的编号为 1641，出现于 2016 年。2016 年，该网络中的企业总数为 3 家，其中上市公司总数为 1 家，非上市公司总数为 2 家。该网络在 2019 年仍在不断发展，同时我们可以发现，从 2017 年开始，该网络发展十分迅速，每年的增长率都接近 100%。截至 2019 年，该网络的企业总数增加到 1706 家，其中上市公司总数增加到 99 家，非上市公司总数增加到 1607 家。

8.4.4 资金担保链企业分布

表 8-45 统计了 1641 号网络内上市公司的行业分布情况。从表 8-45 中可以看出，1641 号网络内上市公司来自不同的行业，其中制造业行业的数量最多，有 53 家，排名第二的是信息传输、软件和信息技术服务业，有 18 家。在该资金担保链中，行业分布最多的企业数量是行业分布第二多企业数量的 2 倍以上，这进一步表明资金担保链的形成有一定的行业聚群效应。

表 8-45 行业分布情况（华南地区）　　　　　　　　单位：家

年份	网络编号	行业名称	企业数量
2019	1641	农、林、牧、渔业	2
2019	1641	采矿业	1
2019	1641	制造业	53
2019	1641	电力、热力、燃气及水生产和供应业	2

续表

年份	网络编号	行业名称	企业数量
2019	1641	建筑业	8
2019	1641	批发和零售业	2
2019	1641	交通运输、仓储和邮政业	1
2019	1641	信息传输、软件和信息技术服务业	18
2019	1641	房地产业	1
2019	1641	租赁和商务服务业	4
2019	1641	水利、环境和公共设施管理业	2
2019	1641	文化、体育和娱乐业	5

资料来源：根据国泰安数据库 2019 年资料计算整理所得。

表 8-46 统计了 1641 号网络内上市公司的产权性质分布情况。从表 8-46 中可以看出，该网络内上市公司具有不同的产权性质。其中，非国有企业 87 家，国有企业 12 家。从产权性质看，1642 号资金担保链的上市公司属于国有企业的占大多数。

表 8-46　产权性质分布情况（华南地区）　　　　　　单位：家

年份	网络编号	产权性质	企业数量
2019	1641	非国有企业	87
2019	1641	国有企业	12

资料来源：根据国泰安数据库 2019 年资料计算整理所得。

表 8-47 统计了 1641 号网络内上市公司是否 ST 的分布情况。从表 8-47 中可以看出，1641 号网络内有 97 家上市公司都是非 ST，只有 2 家被 ST。这也进一步表明，资金担保链的成员是以非 ST 企业为主。

表 8-47　是否 ST 分布情况（华南地区）　　　　　　单位：家

年份	网络编号	是否 ST	企业数量
2019	1641	否	97
2019	1641	是	2

资料来源：根据国泰安数据库 2019 年资料计算整理所得。

8.4.5 资金担保链财务分析

8.4.5.1 盈利能力

表 8-48 对 1641 号网络内上市公司的盈利能力进行了描述性统计。其中，净资产收益率、总资产报酬率、营业利润率、成本费用利润率和资本收益率的平均值和中位数均为正值，最小值都大于等于 0，表明资金担保链内的上市公司盈利能力普遍较强，是质量相当优秀的公司。从盈余现金保障倍数来看，其平均值和中位数分别为 4.80 和 1.29，表明这些企业的利润大部分能够收回，显示了资金担保链的成员具有较高的盈利水平。

表 8-48 盈利能力描述性统计（华南地区）

财务指标	样本量	平均值	标准差	最小值	中位数	最大值
净资产收益率	99	0.19	0.340	0.00	0.07	2.20
总资产报酬率	99	0.10	0.258	0.00	0.04	2.34
营业利润率	99	1.35	10.508	0.00	0.08	104.43
盈余现金保障倍数	99	4.80	14.760	0.00	1.29	134.96
成本费用利润率	99	0.36	1.113	0.00	0.11	10.25
资本收益率	99	0.41	2.050	0.00	0.09	20.40

资料来源：根据国泰安数据库 2008~2019 年资料计算整理所得。

8.4.5.2 资产质量

表 8-49 对 1641 号网络内上市公司的资产质量进行了描述性统计。其中，总资产周转率的平均值和中位数分别为 0.55 和 0.43，最小值和最大值分别为 0.00 和 3.29，表明网络内企业的总资产周转率普遍不高，只有很少一部分企业的总资产周转率很高。应收账款周转率的平均值和中位数都很大，表明该网络内企业的应收账款管理能力十分优秀。流动资产周转率的平均值为 0.95，中位数为 0.79，表明该网络整体的资产运营效率良好。资产现金回收率的平均值和中位数均较小，但都保持正值，表明该网络内企业的现金回收能力都保持着正常水平。

表 8-49 资产质量描述性统计（华南地区）

财务指标	样本量	平均值	标准差	最小值	中位数	最大值
总资产周转率	99	0.55	0.489	0.00	0.43	3.29
应收账款周转率	99	5.13	10.243	0.00	2.12	57.44

财务指标	样本量	平均值	标准差	最小值	中位数	最大值
流动资产周转率	99	0.95	0.705	0.00	0.79	3.84
资产现金回收率	99	0.06	0.051	0.00	0.05	0.25

资料来源：根据国泰安数据库 2008~2019 年资料计算整理所得。

8.4.5.3　偿债能力

表 8-50 对 1641 号网络内上市公司的偿债能力进行了描述性统计。资产负债率的平均值和中位数分别为 0.81 和 0.48，最小值和最大值分别为 0.00 和 30.68，表明该网络内大多数成员的资产负债水平比较合理，而有小部分成员的资产负债水平较高。速动比率的平均值和中位数分别为 1.39 和 1.11，现金流动负债比率的平均值和中位数分别为 0.20 和 0.11，表明该网络内上市公司的流动性良好，具有一定的偿债能力。带息负债比率和预计负债比率的平均值和中位数都为 0.00，表明该网络内上市公司的财务费用负担不重，预计负债的风险较小。

表 8-50　偿债能力描述性统计（华南地区）

财务指标	样本量	平均值	标准差	最小值	中位数	最大值
资产负债率	99	0.81	3.044	0.00	0.48	30.68
速动比率	99	1.39	1.185	0.00	1.11	8.12
现金流动负债比率	99	0.20	0.296	0.00	0.11	2.03
带息负债比率	99	0.00	0.000	0.00	0.00	0.00
预计负债比率	99	0.00	0.060	0.00	0.00	0.49

资料来源：根据国泰安数据库 2008~2019 年资料计算整理所得。

8.4.5.4　运营能力

表 8-51 对 1641 号网络内上市公司的运营能力进行了描述性统计。其中，营业增长率的平均值和中位数分别为 0.28 和 0.13，营业利润增长率的平均值和中位数分别为 1.56 和 0.21，表明网络成员的营业业绩正在稳步增长。资本保值增值率的平均值和中位数分别为 3.41 和 1.02，总资产增长率的平均值和中位数分别为 0.21 和 0.09，表明网络成员在良好的运营状态下，企业资本正在不断积累。技术投入比率的平均值和中位数分别为 7.32 和 4.45，而最小值和最大值分别为 0.00 和 83.23，表明只有少数网络成员的技术研发投资较多。

表 8-51　运营能力描述性统计（华南地区）

财务指标	样本量	平均值	标准差	最小值	中位数	最大值
营业增长率	99	0.28	0.514	0.00	0.13	3.84
资本保值增值率	99	3.41	21.932	0.00	1.02	218.05
营业利润增长率	99	1.56	4.488	0.00	0.21	32.47
总资产增长率	99	0.21	0.313	0.00	0.09	1.82
技术投入比率	99	7.32	11.244	0.00	4.45	83.23

资料来源：根据国泰安数据库 2008~2019 年资料计算整理所得。

8.4.5.5　补充财务指标

表 8-52 对 1641 号网络内上市公司的补充财务指标进行了描述性统计。其中，存货周转率的平均值和中位数分别为 10.93 和 2.95，最小值和最大值分别为 0.00 和 476.15，表明成员企业的存货周转率分布右偏，存货管理效率水平较高。"两金"占流动资产比率的平均值和中位数分别为 0.54 和 0.57，最小值和最大值分别为 0.00 和 1.21，表明网络成员的"两金"占流动资产比率水平一般，"两金"管理效率良好。成本费用占营业收入比率的平均值和中位数分别为 1.15 和 0.95，EBITDA 利润率的平均值和中位数分别为 1.56 和 0.15，表明该网络中的企业成本费用率较高，反映出盈利能力不强。资本累积率的平均值和中位数分别为 2.68 和 0.08，反映出该网络成员企业的经营状态良好，资本正在不断累积。

表 8-52　补充财务指标描述性统计

财务指标	样本量	平均值	标准差	最小值	中位数	最大值
存货周转率	99	10.93	49.202	0.00	2.95	476.15
"两金"占流动资产比率	99	0.54	0.234	0.00	0.57	1.21
成本费用占营业收入比率	99	1.15	1.247	0.00	0.95	12.28
EBITDA 利润率	99	1.56	11.917	0.00	0.15	118.56
资本累积率	99	2.68	22.125	0.00	0.08	219.05

资料来源：根据国泰安数据库 2008~2019 年资料计算整理所得。

8.5　华中地区典型资金担保链监测分析

8.5.1　资金担保链拓扑结构

图 8-5 展现了 2019 年华中地区网络节点最大的资金担保链。该网络的平均路径长度为 1.662，网络直径为 2，平均聚类系数为 0，该网络的平均度为 1.005，其中最大节点的度数为 186。该网络的核心企业为上市公司——启迪环境，公司全称为启迪环境科技发展股份有限公司。

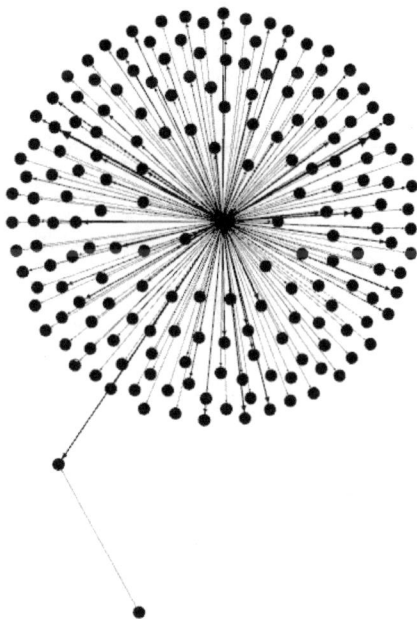

图 8-5　2019 年华中地区网络节点最大的资金担保链

资料来源：根据国泰安数据库 2008~2019 年资料计算整理所得。

8.5.2　核心企业与关键链路

我们找出了该网络的关键链路，链路具体信息如表 8-53 所示：

表 8-53　2019 年华中地区网络节点最大资金担保链的关键链路

项目名称	基本情况
年份	2019 年

续表

项目名称	基本情况
网络编号	76
Out Node	13626
In Node	324
担保企业股票代码	无
担保企业名称	北京合加环保有限责任公司
被担保企业股票代码	000826
被担保企业名称	启迪环境
边的中间中心度	183
是否接近中心度最大值	1
是否中间中心度最大值	1
是否聚类系数最大值	1
是否边的中间中心度最大值	1
是否担保金额最大值	1
是否担保期限最大值	1
是否度数最大值	1
总分	6
担保金额	1000 万元
担保期限	2 年
顶点度数和	187
顶点接近中心度之和	3
顶点中间中心度之和	363
顶点聚类系数之和	0

资料来源：根据国泰安数据库 2008~2019 年资料计算整理所得。

根据表 8-53 我们可以发现，该网络的关键链路是由非上市公司——北京合加环保有限责任公司对该网络的核心企业启迪环境进行担保的担保链，其中担保金额为 1000 万元。

我们对核心企业进行分析，得到核心企业的基本情况，如表 8-54 所示：

表 8-54　核心企业基本情况

项目名称	基本情况
公司名称	启迪环境科技发展股份有限公司
英文名称	Tus Environmental Science and Technology Development Co., Ltd.
证券简称	启迪环境
证券代码	000826
曾用名	国投原宜 –>ST 原宜 –>*ST 原宜 –>*ST 资源 –> 国投资源 –> 合加资源 –> G 合加 –> 合加资源 –> 桑德环境 –> 启迪桑德
注册地址	湖北省宜昌市沿江大道 114 号
办公地址	湖北省宜昌市绿萝路 77 号
主营业务	市政给水、污水处理项目投资及运营；城市垃圾及工业固体废弃物处置及危险废弃物处置及回收利用相关配套设施设计
产品名称	工业设备租赁，再生资源回收，节能环保装备，供水业务，污水治理，固废治理，环卫服务，融资租赁，垃圾焚烧发电
经营范围	城市垃圾及工业固体废弃物处置及危险废弃物处置及回收利用相关配套设施设计、建设、投资、运营管理、相关设备的生产与销售、技术咨询及配套服务；环卫项目投资建设，城市生活垃圾经营性清扫、收集、运输、处理；电力工程施工与设计；城市基础设施（含市政给排水、污水处理）、城乡环境综合治理（含园林、绿化、水体处理）技术研发、投资、建设、运营；市政工程施工与设计；环境工程设计；道路工程施工与设计；土木工程建筑；房屋工程建筑；高科技产品开发；信息技术服务；货物进出口和技术进出口（不含国家禁止或限制进出口的货物或技术）（涉及许可经营项目，应取得相关部门许可后方可经营）

资料来源：国泰君安证券富易软件。

根据表 8-54 我们可以发现，该网络的核心企业——启迪环境主要的经营业务是与环境相关的业务，包括污水治理、城市环境治理等。

我们得到了核心企业 2013~2019 年的财务状况，如表 8-55 所示：

表 8-55　核心企业财务状况　　　　　单位：亿元，%

年份	营业总收入	利润总额	营业总收入同比增长率	利润同比增长率
2019	101.76	6.30	–7.43	–24.19
2018	109.94	8.31	17.48	–44.89
2017	93.58	15.08	35.30	16.09
2016	69.17	12.99	9.08	17.13

续表

年份	营业总收入	利润总额	营业总收入同比增长率	利润同比增长率
2015	63.41	11.09	44.95	17.60
2014	43.74	9.43	62.99	36.87
2013	26.84	6.89	—	—

资料来源：国泰君安证券富易软件。

根据表 8-55 我们可以发现，由于该企业的利润在 2013~2017 年出现了连续的上升，其盈利能力才逐渐提高，但到 2018 年后，企业的利润总额连续两年出现一定幅度的下滑。同时，考虑到该企业主要从事的行业为环境治理方面，盈利能力不够稳定，需要关注。

我们获得了截至 2019 年底该核心企业十大股东信息，如表 8-56 所示：

表 8-56　核心企业十大股东　　　　单位：亿股，%

股东名称	持股数	占流通股比
启迪科技服务有限公司	2.37	19.90 A 股
桑德集团有限公司	1.77	14.86 A 股
清华控股有限公司	0.71	5.97 A 股
中国证券金融股份有限公司	0.43	3.59 A 股
清控资产管理有限公司	0.36	2.98 A 股
香港中央结算有限公司	0.14	1.17 A 股
中央汇金资产管理有限责任公司	0.13	1.06 A 股
中国建银投资有限责任公司	0.11	0.95 A 股
北京金信华创股权投资中心（有限合伙）	0.09	0.80 A 股
中国农业银行股份有限公司—中证 500 交易型开放式指数证券投资基金	0.07	0.59 A 股

资料来源：国泰君安证券富易软件。

8.5.3　资金担保链发展趋势

为了研究该网络的发展趋势，我们得到了该网络中公司总数随年份变化情况，如表 8-57 所示：

表 8-57　华中地区典型网络发展趋势　　　　　　　　　　　　　　单位：家

年份	网络编号	企业总数	上市公司总数	非上市公司总数
2008	76	4	1	3
2009	76	9	1	8
2010	76	11	1	10
2011	76	11	1	10
2012	76	11	1	10
2013	76	12	1	11
2014	76	22	1	21
2015	76	31	1	30
2016	76	49	1	48
2017	76	88	1	87
2018	76	115	1	114
2019	76	182	1	181

资料来源：根据国泰安数据库 2008~2019 年资料计算整理所得。

根据表 8-57 我们可以发现，该资金担保链的编号为 76，出现于 2008 年。2008 年，该网络中的企业总数为 4 家，其中上市公司总数为 1 家，非上市公司总数为 3 家。该网络在 2019 年仍在发展，但是发展速度较为缓慢，2010~2012 年发展甚至停止了。截至 2019 年，该网络的企业总数增加到 182 家，其中上市公司总数不变，为 1 家，非上市公司总数增加到 181 家。

8.5.4　资金担保链企业分布

表 8-58 统计了 76 号网络内上市公司的行业分布情况。76 号网络中，只有 1 家上市公司。结合 76 号网络图表明，资金担保链中上市公司是资金担保链中的核心企业。该企业为水利、环境和公共设施管理业企业。

表 8-58　行业分布情况（华中地区）　　　　　　　　　　　　　　单位：家

年份	网络编号	行业名称	企业数量
2019	76	水利、环境和公共设施管理业	1

资料来源：根据国泰安数据库 2019 年资料计算整理所得。

表 8-59 统计了 76 号网络内上市公司的产权性质分布情况。76 号网络中的这家上市公司为国有企业。

表 8-59　产权性质分布情况（华中地区）
表 8-59　产权性质分布情况（华中地区）　　　　　　　　　单位：家

年份	网络编号	产权性质	企业数量
2019	76	非国有企业	0
2019	76	国有企业	1

资料来源：根据国泰安数据库 2019 年资料计算整理所得。

表 8-60 统计了 76 号网络内上市公司的是否 ST 分布情况。76 号网络中的这家上市公司为非 ST 企业。

表 8-60　是否 ST 分布情况（华中地区）　　　　　　　　　单位：家

年份	网络编号	是否 ST	企业数量
2019	76	否	1
2019	76	是	0

资料来源：根据国泰安数据库 2019 年资料计算整理所得。

8.5.5　资金担保链财务分析

8.5.5.1　盈利能力

表 8-61 对 76 号网络内上市公司的盈利能力进行了描述性统计。由于该网络中只有一个统计样本，因此本部分直接分析相关指标的数值。其中，净资产收益率、总资产报酬率、营业利润率、成本费用利润率和资本收益率的指标均为正值，最小值都大于或等于 0，但是绝对值较小，表明该企业盈利能力不强，这可能是由于水利、环境和公共设施管理业企业带有公益性质造成的。从盈余现金保障倍数来看，其平均值为 0.42，显示了该企业有较强的现金回收能力。

表 8-61　盈利能力描述性统计（华中地区）

财务指标	样本量	平均值	标准差	最小值	中位数	最大值
净资产收益率	1	0.03	—	0.03	0.03	0.03
总资产报酬率	1	0.01	—	0.01	0.01	0.01
营业利润率	1	0.06	—	0.06	0.06	0.06
盈余现金保障倍数	1	0.42	—	0.42	0.42	0.42
成本费用利润率	1	0.07	—	0.07	0.07	0.07
资本收益率	1	0.05	—	0.05	0.05	0.05

资料来源：根据国泰安数据库 2008~2019 年资料计算整理所得。

8.5.5.2　资产质量

表 8-62 对 76 号网络内上市公司的资产质量进行了描述性统计。其中，总资产周转率的平均值为 0.24，表明该企业的总资产周转率不高，资产运营效率较低。应收账款周转率的平均值为 1.57，表明该企业的应收账款管理能力较好。流动资产周转率的平均值为 0.84，表明该企业的资产运营效率一般。

表 8-62　资产质量描述性统计（华中地区）

财务指标	样本量	平均值	标准差	最小值	中位数	最大值
总资产周转率	1	0.24	—	0.24	0.24	0.24
应收账款周转率	1	1.57	—	1.57	1.57	1.57
流动资产周转率	1	0.84	—	0.84	0.84	0.84
资产现金回收率	—	—	—	—	—	—

资料来源：根据国泰安数据库 2008~2019 年资料计算整理所得。

8.5.5.3　偿债能力

表 8-63 对 76 号网络内上市公司的偿债能力进行了描述性统计。其中，资产负债率的平均值为 0.62，表明该企业的资产负债水平比较合理。速动比率的平均值为 0.77，现金流动负债比率的平均值为 0.01，表明该企业的流动性较差，偿债能力不足。带息负债比率和预计负债比率的平均值和中位数都为 0.00，表明该网络内上市公司的财务费用负担不重，预计负债的风险较小。

表 8-63　偿债能力描述性统计（华中地区）

财务指标	样本量	平均值	标准差	最小值	中位数	最大值
资产负债率	1	0.62	—	0.62	0.62	0.62
速动比率	1	0.77	—	0.77	0.77	0.77
现金流动负债比率	1	0.01	—	0.01	0.01	0.01
带息负债比率	1	0.00	—	0.00	0.00	0.00
预计负债比率	1	0.00	—	0.00	0.00	0.00

资料来源：根据国泰安数据库 2008~2019 年资料计算整理所得。

8.5.5.4　运营能力

表 8-64 对 76 号网络内上市公司的运营能力进行了描述性统计。其中，

营业增长率的平均值为 0.07，营业利润增长率的平均值为 0.21，表明该企业的营业业绩正在稳步增长。资本保值增值率的平均值为 1.09，总资产增长率的平均值为 0.11，表明该企业资本规模基本保持原有水平。技术投入比率的平均值为 1.29，表明在 2019 年该企业的技术研发投资较多。

表 8-64　运营能力描述性统计（华中地区）

财务指标	样本量	平均值	标准差	最小值	中位数	最大值
营业增长率	1	0.07	—	0.07	0.07	0.07
资本保值增值率	1	1.09	—	1.09	1.09	1.09
营业利润增长率	1	0.21	—	0.21	0.21	0.21
总资产增长率	1	0.11	—	0.11	0.11	0.11
技术投入比率	1	1.29	—	1.29	1.29	1.29

资料来源：根据国泰安数据库 2008~2019 年资料计算整理所得。

8.5.5.5　补充财务指标

表 8-65 对 76 号网络内上市公司的补充财务指标进行了描述性统计。由于该网络内只有 1 家上市公司，因此我们直接分析相关财务指标。其中，存货周转率的平均值为 11.51，反映出该企业具有较高的存货管理效率。"两金"占流动资产比率的平均值为 0.59，反映出该企业的"两金"管理效率一般。成本费用占营业收入比率的平均值为 0.93，EBITDA 利润率的平均值和中位数都为 0.23，表明该企业的盈利能力一般。资本累积率的平均值为 0.09，反映出该企业的经营状态良好，资本正在不断累积。

表 8-65　补充财务指标描述性统计

财务指标	样本量	平均值	标准差	最小值	中位数	最大值
存货周转率	1	11.51	—	11.51	11.51	11.51
"两金"占流动资产比率	1	0.59	—	0.59	0.59	0.59
成本费用占营业收入比率	1	0.93	—	0.93	0.93	0.93
EBITDA 利润率	1	0.23	—	0.23	0.23	0.23
资本累积率	1	0.09	—	0.09	0.09	0.09

资料来源：根据国泰安数据库 2008~2019 年资料计算整理所得。

8.6　西北地区典型资金担保链监测分析

8.6.1　资金担保链拓扑结构

图 8-6 展现了 2019 年西北地区网络节点最大的资金担保链。该网络的平均路径长度为 3.037，网络直径为 5，平均聚类系数为 0.002，该网络的平均度为 1.069，其中最大节点的度数为 110。该网络的核心企业为上市公司——渤海租赁，公司全称为渤海租赁股份有限公司。

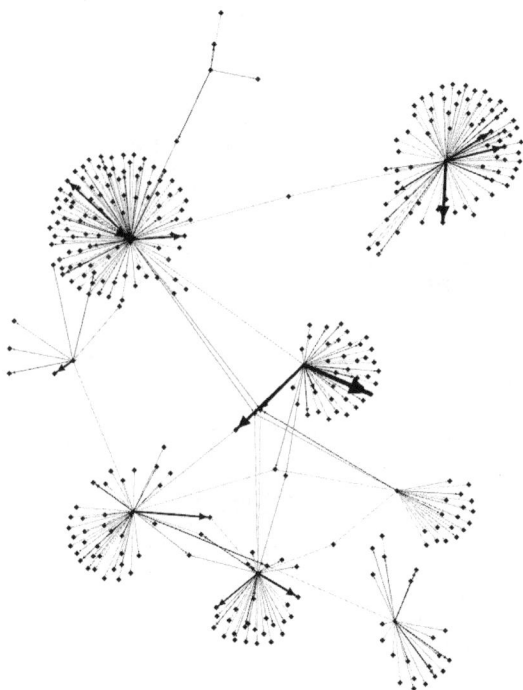

图 8-6　2019 年西北地区网络节点最大的资金担保链
资料来源：根据国泰安数据库 2008~2019 年资料计算整理所得。

8.6.2　核心企业与关键链路

我们找出了该网络的关键链路，链路具体信息如表 8-66 所示：

表 8-66　2019 年西北地区网络节点最大资金担保链的关键链路

项目名称	基本情况	项目名称	基本情况
年份	2019 年	是否边的中间中心度最大值	1
网络编号	352	是否担保金额最大值	1
Out Node	2032	是否担保期限最大值	1
In Node	85	是否度数最大值	1
担保企业股票代码	600221	总分	6
担保企业名称	海航控股	担保金额	0 万元
被担保企业股票代码	000415	担保期限	2 年
被担保企业名称	渤海租赁	顶点度数和	161
边的中间中心度	1133	顶点接近中心度之和	3
是否接近中心度最大值	1	顶点中间中心度之和	3748
是否中间中心度最大值	1	顶点聚类系数之和	0
是否聚类系数最大值	1		

资料来源：根据国泰安数据库 2008~2019 年资料计算整理所得。

　　根据表 8-66 我们可以发现，该网络的关键链路是上市公司海航控股对网络中的核心企业——渤海租赁进行担保的一条担保链。

　　我们对核心企业进行分析，得到核心企业的基本情况，如表 8-67 所示：

表 8-67　核心企业基本情况

项目名称	基本情况
公司名称	渤海租赁股份有限公司
英文名称	Bohai Leasing Co.，Ltd.
证券简称	渤海租赁
证券代码	000415
曾用名	汇通水利，G 汇通，汇通水利，汇通集团，*ST 汇通，ST 汇通，渤海租赁，渤海金控
注册地址	新疆维吾尔自治区乌鲁木齐市沙依巴克区黄河路 93 号
办公地址	新疆维吾尔自治区乌鲁木齐市新华北路 165 号广汇中天广场 39 楼
主营业务	提供全方位的飞机租赁、集装箱租赁、基础设施租赁、大型设备租赁等租赁服务
产品名称	航空设备贸易，飞机租赁，集装箱销售，融资租赁

续表

项目名称	基本情况
经营范围	市政基础设施租赁；电力设施和设备租赁；交通运输基础设施和设备租赁以及新能源、清洁能源设施和设备租赁；水务及水利建设投资；能源、教育、矿业、药业投资；机电产品、化工产品、金属材料、五金交电、建筑材料、文体用品、针纺织品、农副产品的批发、零售，租赁业务的咨询服务，股权投资、投资咨询与服务

资料来源：国泰君安证券富易软件。

根据表 8-67 我们可以发现，该网络的核心企业——渤海租赁主要的经营业务是与租赁相关的业务，包括飞机设备租赁、基础设施租赁等。

我们得到了核心企业 2013~2019 年的财务状况，如表 8-68 所示：

表 8-68 核心企业财务状况　　　　　　　　　　　　单位：亿元，%

年份	营业总收入	利润总额	营业总收入同比增长率	利润同比增长率
2019	388.03	37.63	-6.03	39.32
2018	412.91	27.01	14.91	-33.51
2017	359.34	40.62	48.14	22.98
2016	242.58	33.03	146.86	57.59
2015	96.59	20.96	40.97	49.71
2014	68.52	14.00	7.46	-13.63
2013	63.76	16.21	—	—

资料来源：国泰君安证券富易软件。

根据表 8-68 我们可以发现，该企业的利润总额 2014~2017 年出现稳定的增长，但利润从 2017 年的 40.62 亿元下降到 2018 年的 27.01 亿元，同时在 2019 年又涨回 37.63 亿元，由此可见，该企业的盈利状况不够稳定，需要关注。

我们获得了截至 2019 年底该核心企业十大股东信息，如表 8-69 所示：

表 8-69 核心企业十大股东　　　　　　　　　　　　单位：亿股，%

股东名称	持股数	占流通股比
海航资本集团有限公司	13.48	37.99 A 股
天津燕山股权投资基金有限公司	3.10	8.73 A 股
宁波梅山保税港区德通顺和投资管理有限公司	1.33	3.74 A 股

续表

股东名称	持股数	占流通股比
中国证券金融股份有限公司	0.68	1.92 A 股
香港中央结算有限公司	0.58	1.63 A 股
张沐城	0.58	1.62 A 股
陈绿漫	0.26	0.73 A 股
天津保税区投资有限公司	0.22	0.62 A 股
万金泉	0.21	0.60 A 股
孙国庆	0.18	0.49 A 股

资料来源：国泰君安证券富易软件。

8.6.3 资金担保链发展趋势

为了研究该网络的发展趋势，我们得到了该网络中公司总数随年份变化情况，如表 8-70 所示：

表 8-70 西北地区典型网络发展趋势　　　　单位：家

年份	网络编号	企业总数	上市公司总数	非上市公司总数
2009	352	5	1	4
2010	352	7	1	6
2011	352	9	1	8
2012	352	10	1	9
2013	352	14	1	13
2014	352	16	1	15
2015	352	30	1	29
2016	352	40	1	39
2017	352	52	1	51
2018	352	307	9	298
2019	352	341	9	332

资料来源：根据国泰安数据库 2009~2019 年资料计算整理所得。

根据表 8-70 我们可以发现，该资金担保链的编号为 352，出现于 2009 年。2009 年，该网络中的企业总数为 5 家，其中上市公司总数为 1 家，非上市公司总数为 4 家。该网络 2019 年仍在发展，同时，2018 年该网络出现了迅速增长。截至 2019 年，该网络的企业总数增加到 341 家，其中上市公司总数增加到 9 家，非上市公司总数增加到 332 家。

8.6.4 资金担保链企业分布

表 8-71 统计了 352 号网络内上市公司的行业分布情况。从表 8-71 中可以看出，该网络内上市公司来自不同的行业，其中制造业 2 家，批发和零售业 2 家，交通运输、仓储和邮政业 2 家，房地产业 2 家，租赁和商务服务业 1 家。在该资金担保链中，行业分布较为均匀，没有显现出资金担保链形成的聚群效应，这也可能是由于资金担保链内上市公司数量不多造成的。

表 8-71 行业分布情况（西北地区）　　　　单位：家

年份	网络编号	行业名称	企业数量
2019	352	制造业	2
2019	352	批发和零售业	2
2019	352	交通运输、仓储和邮政业	2
2019	352	房地产业	2
2019	352	租赁和商务服务业	1

资料来源：根据国泰安数据库 2019 年资料计算整理所得。

表 8-72 统计了 352 号网络内上市公司的产权性质分布情况。从表 8-72 中可以看出，该网络内上市公司具有不同的产权性质。其中，非国有企业 6 家，国有企业 3 家。

表 8-72 产权性质分布情况（西北地区）　　　　单位：家

年份	网络编号	产权性质	企业数量
2019	352	非国有企业	6
2019	352	国有企业	3

资料来源：根据国泰安数据库 2019 年资料计算整理所得。

表 8-73 统计了 352 号网络内上市公司是否 ST 的分布情况。从表 8-73 中可以看出，该网络内的 9 家上市公司都是非 ST。这也进一步表明，资金担保链的成员是以非 ST 企业为主。

表 8-73　是否 ST 分布情况（西北地区）　　　　　　单位：家

年份	网络编号	是否 ST	企业数量
2019	352	否	9
2019	352	是	0

资料来源：根据国泰安数据库 2019 年资料计算整理所得。

8.6.5　资金担保链财务分析

8.6.5.1　盈利能力

表 8-74 对 352 号网络内上市公司的盈利能力进行了描述性统计。其中，净资产收益率、总资产报酬率、营业利润率、成本费用利润率和资本收益率的平均值和中位数均为正值，但是绝对值都不大，最小值均大于等于 0，表明资金担保链内的上市公司普遍盈利，但是盈利能力一般，公司质量良好。从盈余现金保障倍数来看，其平均值和中位数分别为 6.03 和 4.38，表明这些企业的利润大部分能够收回，显示了资金担保链的成员具有较高的盈利水平。

表 8-74　盈利能力描述性统计（西北地区）

财务指标	样本量	平均值	标准差	最小值	中位数	最大值
净资产收益率	9	0.05	0.038	0.00	0.04	0.11
总资产报酬率	9	0.02	0.023	0.00	0.01	0.07
营业利润率	9	0.11	0.166	0.00	0.08	0.53
盈余现金保障倍数	9	6.03	6.373	0.34	4.38	18.18
成本费用利润率	9	0.19	0.344	0.00	0.11	1.10
资本收益率	9	0.12	0.172	0.00	0.06	0.55

资料来源：根据国泰安数据库 2008~2019 年资料计算整理所得。

8.6.5.2　资产质量

表 8-75 对 352 号网络内上市公司的资产质量进行了描述性统计。其中，总资产周转率的平均值和中位数分别为 0.51 和 0.19，最小值和最大值分别为 0.03 和 2.55，表明网络内企业的总资产周转率普遍不高，只有很少一部分企业的总资产周转率很高。应收账款周转率的平均值和中位数都很大，表明该网络内企业的应收账款管理能力十分优秀。流动资产周转率的平均值为 1.04，中位数为 1.08，表明该网络整体的资产运营效率良好。资产现金回收

率的平均值和中位数较小，但都保持正值，表明该网络内企业的现金回收能力都保持着正常水平。

表 8-75　资产质量描述性统计（西北地区）

财务指标	样本量	平均值	标准差	最小值	中位数	最大值
总资产周转率	9	0.51	0.788	0.03	0.19	2.55
应收账款周转率	9	7.67	5.864	0.00	6.92	18.47
流动资产周转率	9	1.04	1.015	0.06	1.08	3.40
资产现金回收率	9	0.05	0.035	0.01	0.03	0.12

资料来源：根据国泰安数据库 2008~2019 年资料计算整理所得。

8.6.5.3　偿债能力

表 8-76 对 352 号网络内上市公司的偿债能力进行了描述性统计。资产负债率的平均值和中位数分别为 0.55 和 0.57，最小值和最大值分别为 0.27 和 0.85，表明该网络内大多数成员的资产负债水平比较合理，而有小部分成员的资产负债水平较高。速动比率的平均值和中位数分别为 1.20 和 1.30，现金流动负债比率的平均值和中位数分别为 0.26 和 0.11，表明该网络内上市公司的流动性良好，具有一定的偿债能力。带息负债比率和预计负债比率的平均值和中位数都较小，表明该网络内上市公司的财务费用负担不重，预计负债的风险较小。

表 8-76　偿债能力描述性统计（西北地区）

财务指标	样本量	平均值	标准差	最小值	中位数	最大值
资产负债率	9	0.55	0.211	0.27	0.57	0.85
速动比率	9	1.20	0.810	0.41	1.30	3.00
现金流动负债比率	9	0.26	0.314	0.03	0.11	0.87
带息负债比率	9	0.00	0.000	0.00	0.00	0.00
预计负债比率	9	0.01	0.017	0.00	0.00	0.05

资料来源：根据国泰安数据库 2008~2019 年资料计算整理所得。

8.6.5.4　运营能力

表 8-77 对 352 号网络内上市公司的运营能力进行了描述性统计。其中，营业增长率的平均值和中位数分别为 0.17 和 0.06，营业利润增长率的平均值和中位数分别为 0.69 和 0.93，表明网络成员的营业业绩高速增长。资本保值

增值率的平均值和中位数分别为 0.97 和 0.99，总资产增长率的平均值和中位数分别为 0.06 和 0.05，表明在该网络中，一半成员在良好的运营状态下，企业资本正在不断积累，而另一半企业资本有所减少，但是幅度不大。技术投入比率的平均值和中位数分别为 0.78 和 0.00，而最小值和最大值分别为 0.00 和 4.83，表明只有少数网络成员的技术研发投资较多。

表 8-77　运营能力描述性统计（西北地区）

财务指标	样本量	平均值	标准差	最小值	中位数	最大值
营业增长率	9	0.17	0.240	0.01	0.06	0.64
资本保值增值率	9	0.97	0.098	0.76	0.99	1.09
营业利润增长率	9	0.69	0.609	0.00	0.93	1.62
总资产增长率	9	0.06	0.038	0.01	0.05	0.13
技术投入比率	9	0.78	1.644	0.00	0.00	4.83

资料来源：根据国泰安数据库 2008~2019 年资料计算整理所得。

8.6.5.5　补充财务指标

表 8-78 对 352 号网络内上市公司的补充财务指标进行了描述性统计。其中，存货周转率的平均值和中位数分别为 267.98 和 7.27，最小值和最大值分别为 0.12 和 2040.06，表明成员企业的存货管理效率较高。"两金"占流动资产比率的平均值和中位数分别为 0.37 和 0.32，最小值和最大值分别为 0.00 和 0.86，表明网络成员的"两金"占流动资产比率偏高，"两金"管理效率偏低。成本费用占营业收入比率的平均值和中位数分别为 0.89 和 0.99，EBITDA 利润率的平均值和中位数分别为 0.24 和 0.16，表明该网络中的企业成本费用率较高，反映出盈利能力不强。资本累积率的平均值和中位数分别为 0.07 和 0.05，反映出该网络成员企业的经营状态良好，资本正在不断累积。

表 8-78　补充财务指标描述性统计

财务指标	样本量	平均值	标准差	最小值	中位数	最大值
存货周转率	9	267.98	669.397	0.12	7.27	2040.06
"两金"占流动资产比率	9	0.37	0.286	0.00	0.32	0.86
成本费用占营业收入比率	9	0.89	0.349	0.00	0.99	1.14

财务指标	样本量	平均值	标准差	最小值	中位数	最大值
EBITDA 利润率	9	0.24	0.267	0.01	0.16	0.79
资本累积率	9	0.07	0.072	0.01	0.05	0.24

资料来源：根据国泰安数据库 2008~2019 年资料计算整理所得。

8.7　西南地区典型资金担保链监测分析

8.7.1　资金担保链拓扑结构

图 8-7 展现了 2019 年西南地区网络节点最大的资金担保链。该网络的平均路径长度为 2.206，网络直径为 4，其中最大节点的度数为 401。该网络的核心企业为上市公司——金科股份，公司全称为金科地产集团股份有限公司。

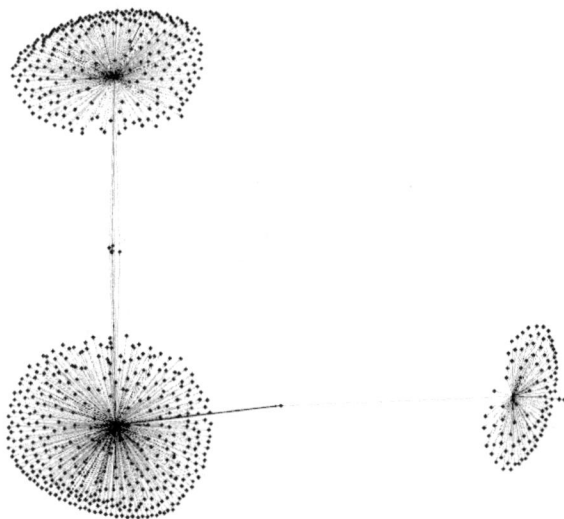

图 8-7　2019 年西南地区网络节点最大的资金担保链

资料来源：根据国泰安数据库 2008~2019 年资料计算整理所得。

8.7.2　核心企业与关键链路

我们找出了该网络的关键链路，链路具体信息如表 8-79 所示：

表 8-79　2019 年西南地区网络节点最大资金担保链的关键链路

项目名称	基本情况
年份	2019 年
网络编号	337
Out Node	46104
In Node	27
担保企业股票代码	无
担保企业名称	重庆金科房地产开发有限公司
被担保企业股票代码	000031
被担保企业名称	大悦城
边的中间中心度	1330
是否接近中心度最大值	1
是否中间中心度最大值	1
是否聚类系数最大值	1
是否边的中间中心度最大值	1
是否担保金额最大值	1
是否担保期限最大值	1
是否度数最大值	1
总分	6
担保金额	25000 万元
担保期限	0 年
顶点度数和	107
顶点接近中心度之和	3
顶点中间中心度之和	3208
顶点聚类系数之和	0

资料来源：根据国泰安数据库 2008~2019 年资料计算整理所得。

根据表 8-79 我们可以发现，该网络的关键链路是核心企业的子公司——重庆金科房地产开发有限公司对上市公司大悦城进行担保的一条担保链，担保金额为 25000 万元。

我们对核心企业进行分析，得到核心企业的基本情况，如表 8-80 所示：

表 8-80　核心企业基本情况

项目名称	基本情况
公司名称	金科地产集团股份有限公司
英文名称	Jinke Property Group Co.，Ltd.
证券简称	金科股份
证券代码	000656
曾用名	重庆东源 –>ST 东源 –>*ST 东源 –>G*ST 东源 –>*ST 东源 –>ST 东源
注册地址	重庆市江北区复盛镇正街（政府大楼）
办公地址	重庆市北部新区春兰三路 1 号地矿大厦
主营业务	房地产开发、物业管理。制造、加工、销售钢材、锰铁。机械加工、销售建筑材料、装饰材料、计算机软件、电子元件等
产品名称	风电，物业租赁及管理，重庆地产
经营范围	房地产开发、物业管理、机电设备安装（以上经营范围凭资质证书执业）；销售建筑、装饰材料和化工产品（不含化学危险品）、五金交电；自有房屋租赁；企业管理咨询服务；货品及技术进出口

资料来源：国泰君安证券富易软件。

根据表 8-80 我们可以发现，该网络的核心企业——金科地产主要的经营业务是与房地产相关的业务，包括房地产开发、物业管理，制造、加工、销售钢材、锰铁，机械加工、销售建筑材料、装饰材料、计算机软件、电子元件等。

我们得到了核心企业 2013~2019 年的财务状况，如表 8-81 所示：

表 8-81　核心企业财务状况　　　　　　　　　　单位：亿元，%

年份	营业总收入	利润总额	营业总收入同比增长率	利润同比增长率
2019	677.73	83.35	64.36	59.98
2018	412.34	52.10	18.63	77.03
2017	347.58	29.43	7.82	31.91
2016	322.35	22.31	66.17	24.99
2015	193.99	17.85	11.98	137.05
2014	173.24	7.53	7.8	−40.57
2013	160.70	12.67	—	—

资料来源：国泰君安证券富易软件。

根据表 8-81 我们可以发现，该企业在 2014 年利润总额出现下降，但在 2015 年后，该企业的利润总额增长较快且增长较为稳定，甚至在 2015 年增长率达 137.05%，由此可以看出，该企业目前发展水平和盈利水平较高，财务状况良好。

我们获得了截至 2019 年底该核心企业十大股东信息，如表 8-82 所示：

表 8-82 核心企业十大股东　　　　　　　　单位：亿股，%

股东名称	持股数	占流通股比
天津聚金物业管理有限公司	9.07	17.28 A 股
重庆市金科投资控股（集团）有限责任公司	7.59	14.45 A 股
黄红云	5.86	11.18 A 股
天津润鼎物业管理有限公司	4.99	9.51 A 股
天津润泽物业管理有限公司	1.61	3.07 A 股
重庆国际信托股份有限公司—创赢投资 4 号集合资金信托计划	1.46	2.78 A 股
陶虹遐	1.33	2.53 A 股
黄斯诗	1.24	2.35 A 股
香港中央结算有限公司	1.12	2.14 A 股
前海人寿保险股份有限公司—自有资金	1.11	2.12 A 股

资料来源：国泰君安证券富易软件。

8.7.3 资金担保链发展趋势

为了研究该网络的发展趋势，我们得到了该网络中公司总数随年份变化情况，如表 8-83 所示：

表 8-83 西南地区典型网络发展趋势　　　　　　　　单位：家

年份	网络编号	企业总数	上市公司总数	非上市公司总数
2009	337	4	1	3
2010	337	4	1	3
2011	337	6	1	5
2012	337	8	1	7
2013	337	9	1	8
2014	337	16	1	15

年份	网络编号	企业总数	上市公司总数	非上市公司总数
2015	337	23	1	22
2016	337	28	1	27
2017	337	29	1	28
2018	337	61	1	60
2019	337	735	3	732

资料来源：根据国泰安数据库 2009~2019 年资料计算整理所得。

根据表 8-83 我们可以发现，该资金担保链的编号为 337，出现于 2009 年。2009 年，该网络中的企业总数为 4 家，其中上市公司总数为 1 家，非上市公司总数为 3 家。该网络在 2019 年仍在发展，2019 年该网络内企业出现了迅速增长，增加到 735 家，其中上市公司总数增加到 3 家，非上市公司总数增加到 732 家。

8.7.4　资金担保链企业分布

表 8-84 统计了 337 号网络内上市公司的行业分布情况。从表 8-84 中可以看出，337 号网络内的 3 家上市公司全部来自房地产行业。这显现出资金担保链形成的行业聚群效应。

表 8-84　行业分布情况（西南地区）　　　　单位：家

年份	网络编号	行业名称	企业数量
2019	337	房地产业	3

资料来源：根据国泰安数据库 2019 年资料计算整理所得。

表 8-85 统计了 337 号网络内上市公司的产权性质分布情况。从表 8-85 中可以看出，该网络内上市公司具有不同的产权性质。其中，非国有企业 2 家，国有企业 1 家。

表 8-85　产权性质分布情况（西南地区）　　　　单位：家

年份	网络编号	产权性质	企业数量
2019	337	非国有企业	2
2019	337	国有企业	1

资料来源：根据国泰安数据库 2019 年资料计算整理所得。

表8-86统计了337号网络内上市公司是否ST的分布情况。从表8-86中可以看出，337号网络内有3家上市公司都是非ST。这也进一步表明，资金担保链的成员是以非ST企业为主。

表8-86　是否ST分布情况（西南地区）　　　　　　　　　单位：家

年份	网络编号	是否ST	企业数量
2019	337	否	3
2019	337	是	0

资料来源：根据国泰安数据库2019年资料计算整理所得。

8.7.5　资金担保链财务分析

8.7.5.1　盈利能力

表8-87对337号网络内上市公司的盈利能力进行了描述性统计。其中，净资产收益率、总资产报酬率、营业利润率、成本费用利润率和资本收益率的平均值和中位数均为正值，最小值都大于等于0，表明资金担保链内的上市公司盈利能力普遍较强，是质量相当优秀的公司。从盈余现金保障倍数来看，其平均值和中位数分别为1.57和1.10，表明这些企业的利润大部分能够收回，显示了资金担保链的成员具有较高的盈利水平。

表8-87　盈利能力描述性统计（西南地区）

财务指标	样本量	平均值	标准差	最小值	中位数	最大值
净资产收益率	3	0.16	0.072	0.09	0.14	0.24
总资产报酬率	3	0.03	0.007	0.02	0.02	0.03
营业利润率	3	0.17	0.040	0.13	0.18	0.21
盈余现金保障倍数	3	1.57	1.516	0.35	1.10	3.27
成本费用利润率	3	0.22	0.062	0.15	0.25	0.27
资本收益率	3	1.30	1.222	0.54	0.66	2.71

资料来源：根据国泰安数据库2008~2019年资料计算整理所得。

8.7.5.2　资产质量

表8-88对337号网络内上市公司的资产质量进行了描述性统计。其中，总资产周转率的平均值和中位数都为0.22，最小值和最大值分别为0.20

和 0.25，表明网络内企业的总资产周转率普遍不高。应收账款周转率的平均值和中位数都很大，表明该网络内企业的应收账款管理能力十分优秀。流动资产周转率的平均值和中位数都为 0.27，表明该网络的流动资产运营效率不高。资产现金回收率的平均值和中位数较小，但都保持正值，表明该网络内企业的现金回收能力都保持着正常水平。

表 8-88　资产质量描述性统计（西南地区）

财务指标	样本量	平均值	标准差	最小值	中位数	最大值
总资产周转率	3	0.22	0.024	0.20	0.22	0.25
应收账款周转率	3	123.32	113.337	35.09	83.74	251.14
流动资产周转率	3	0.27	0.004	0.27	0.27	0.28
资产现金回收率	3	0.05	0.054	0.01	0.03	0.11

资料来源：根据国泰安数据库 2008~2019 年资料计算整理所得。

8.7.5.3　偿债能力

表 8-89 对 337 号网络内上市公司的偿债能力进行了描述性统计。资产负债率的平均值和中位数分别为 0.82 和 0.84，最小值和最大值分别为 0.77 和 0.87，表明该网络成员的资产负债水平整体偏高，这可能是因为这 3 家企业都是房地产企业。速动比率的平均值和中位数分别为 0.48 和 0.39，现金流动负债比率的平均值和中位数分别为 0.06 和 0.05，表明该网络内上市公司的流动性不强，现金持有量不高，短期偿债能力不足。带息负债比率和预计负债比率的平均值和中位数都为 0.00，表明该网络内上市公司的财务费用负担不重，预计负债的风险较小。

表 8-89　偿债能力描述性统计（西南地区）

财务指标	样本量	平均值	标准差	最小值	中位数	最大值
资产负债率	3	0.82	0.051	0.77	0.84	0.87
速动比率	3	0.48	0.172	0.38	0.39	0.68
现金流动负债比率	3	0.06	0.057	0.01	0.05	0.12
带息负债比率	3	0.00	0.000	0.00	0.00	0.00
预计负债比率	3	0.00	0.000	0.00	0.00	0.00

资料来源：根据国泰安数据库 2008~2019 年资料计算整理所得。

8.7.5.4 运营能力

表 8-90 对 337 号网络内上市公司的运营能力进行了描述性统计。其中，营业增长率的平均值和中位数分别为 0.87 和 0.64，营业利润增长率的平均值和中位数都为 0.61，表明网络成员的营业业绩高速增长。资本保值增值率的平均值和中位数分别为 1.90 和 1.38，总资产增长率的平均值和中位数分别为 0.60 和 0.40，表明网络成员正在不断扩大资本规模。技术投入比率的平均值和中位数分别为 0.02 和 0.00，而最小值和最大值分别为 0.00 和 0.06，表明该网络内企业的技术研发投资较少，同时也表明房地产企业的研发投入较少。

表 8-90　运营能力描述性统计（西南地区）

财务指标	样本量	平均值	标准差	最小值	中位数	最大值
营业增长率	3	0.87	0.450	0.59	0.64	1.39
资本保值增值率	3	1.90	1.039	1.22	1.38	3.09
营业利润增长率	3	0.61	0.485	0.13	0.61	1.10
总资产增长率	3	0.60	0.354	0.39	0.40	1.01
技术投入比率	3	0.02	0.035	0.00	0.00	0.06

资料来源：根据国泰安数据库 2008~2019 年资料计算整理所得。

8.7.5.5 补充财务指标

表 8-91 对 337 号网络内上市公司的补充财务指标进行了描述性统计。其中，存货周转率的平均值和中位数分别为 0.29 和 0.30，最小值和最大值分别为 0.26 和 0.31，表明该网络中的成员企业的存货管理效率较低。"两金"占流动资产比率的平均值和中位数分别为 0.80 和 0.77，最小值和最大值分别为 0.74 和 0.88，表明网络成员的"两金"占流动资产比率较高，"两金"管理效率偏低。成本费用占营业收入比率的平均值和中位数都为 0.78，EBITDA利润率的平均值和中位数分别为 0.21 和 0.22，表明该网络中的企业盈利能力一般。资本累积率的平均值和中位数分别为 0.90 和 0.38，反映出该网络成员企业的经营状态良好，资本正在不断累积。

表 8-91　补充财务指标描述性统计

财务指标	样本量	平均值	标准差	最小值	中位数	最大值
存货周转率	3	0.29	0.026	0.26	0.30	0.31
"两金"占流动资产比率	3	0.80	0.075	0.74	0.77	0.88

财务指标	样本量	平均值	标准差	最小值	中位数	最大值
成本费用占营业收入比率	3	0.78	0.050	0.72	0.78	0.82
EBITDA 利润率	3	0.21	0.066	0.14	0.22	0.27
资本累积率	3	0.90	1.039	0.22	0.38	2.09

资料来源：根据国泰安数据库 2008~2019 年资料计算整理所得。

8.8　各地区典型资金担保链监测横向分析

在 8.1 至 8.7 部分，我们对 2019 年各地区的资金担保链的拓扑结构、核心企业与关键链路、资金担保链发展趋势、企业分布和财务状况进行了单独的分析介绍。通过以上介绍，我们可以明显发现，由于地理位置的不同和经济发展状况的差异，各地区的典型资金担保链之间也存在着异质性。为了探究各地区典型网络的差异，我们分别从拓扑结构、核心企业与关键链路、资金担保链发展趋势、企业分布和财务状况五个方面对 2019 年各地区的典型网络进行横向对比分析。

8.8.1　资金担保链拓扑结构横向对比

对各地区的资金担保链拓扑结构进行横向对比，根据网络直径的不同，分为三种不同的网络类型，即网络直径等于 1 的发散型网络、网络直径大于 1 同时小于 5 的一般型网络，以及网络直径大于等于 5 的复杂型网络，得到结果如表 8-92 所示：

表 8-92　网络类别

网络类型	地区	网络直径	平均路径长度	平均聚类系数
发散型网络	东北地区	1	1.000	0.000
一般型网络	华北地区	3	1.206	0.018
	华中地区	2	1.662	0.000
	西南地区	4	2.206	0.003
复杂型网络	华东地区	7	3.316	0.003
	华南地区	12	5.421	0.007
	西北地区	5	3.037	0.002

资料来源：根据国泰安数据库 2008~2019 年资料计算整理所得。

根据表 8-92 我们可以发现，东北地区的网络为发散型网络；华北地区、华中地区和西南地区的网络为一般型网络；华东地区、华南地区和西北地区的网络为复杂型网络。同时我们可以发现，网络直径越大的网络，其平均路径长度和平均聚类系数也越大。从地理位置看，地理位置越靠南边和东边，该网络的网络直径也越大。

8.8.2 核心企业与关键链路横向对比

8.8.2.1 关键链路的横向对比

对关键链路进行横向对比，从担保金额、顶点度数和、顶点中间中心度和这三个维度入手。

首先，从担保金额来看，7 个地区中的关键链路里有担保金额的地区有 3 个，分别为华北地区、华中地区和西南地区。其中担保金额最大的地区是华北地区，金额达 204000 万元。

其次，从顶点度数和来看，顶点度数和最大的地区是东北地区，达 749；顶点度数和最小的地区是华北地区，只有 48。

最后，从顶点中间中心度和来看，顶点中间中心度和最大的地区是华东地区，达 25891，而最小的地区东北地区的顶点中间中心度和为 0。

8.8.2.2 核心企业的横向对比

对各地区网络中的核心企业进行横向对比，从核心企业的主营业务、财务状况、股东持股集中度三个维度入手。

首先，从核心企业的主营业务来看，一共有 3 个地区的核心企业的主营业务为房地产，分别为华北地区、华东地区以及西南地区，由此可见，房地产企业更容易加入资金担保链进行担保，更容易成为核心企业。

其次，从财务状况来看，利润稳定增长的地区有 3 个，分别是华北地区、华东地区以及西南地区；利润增长不够稳定，存在起伏的地区有 2 个，分别是东北地区和西北地区；而利润在近两年出现大幅下滑的有两个地区，分别是华南地区和华中地区。

最后，从股东持股集中度来看，前两大股东持股数占比超过 50% 的地区有 1 个，是东北地区；超过 40% 的地区有 2 个，分别是华北地区和西北地区；其他地区也超过 30%。由此可见，核心企业的股东持股集中度还是较大的。

8.8.3　资金担保链发展趋势横向对比

我们对各地区的典型网络发展趋势进行横向对比，主要从网络首次出现的时间、企业总数量的增加率、上市公司数量增加率这三个维度入手。

首先，从网络首次出现的时间来看，最早出现的网络是华中地区的资金担保链，出现于 2008 年；最晚出现的网络是华南地区的资金担保链，出现于 2016 年。

其次，从企业总数量的增加率来看，企业总数量增加率最小的地区是东北地区，从网络刚出现到 2019 年底，企业总数量增加率为 39.09%；企业总数量增加率最大的地区是华东地区，从网络刚出现到 2019 年底，企业总数量增加率高达 67375%。

最后，从上市公司数量增加率来看，上市公司数量增加率最小的地区是东北地区，增加率是 0%，网络中的上市公司数量一直是 1 家；上市公司数量增加率最大的地区是华南地区，增加率达 9800%，同时该网络的出现时间只有 4 年，可见该网络发展十分迅速。

8.8.4　资金担保链企业分布横向对比

从资金担保链企业的行业分布、产权性质分布、是否 ST 分布三个维度分别对各地区典型资金担保链企业分布进行横向对比分析。

首先，就行业分布而言，资金担保链企业的分布具有行业聚群效应。为了消除网络内上市公司数量过少可能导致统计意义较弱的影响，我们只选取网络内上市公司数超过 10 个的网络进行分析。华东地区共 32 家上市公司，其中房地产业有 17 家，其数量是排名第二行业（6 个）的 2 倍多；华南地区共 99 家上市公司，其中 53 家是制造业企业，占据总上市公司数的一半。可见，资金担保链中的企业构成有显著的行业聚群特征，在同一行业的企业更容易聚集起来形成资金担保链。

其次，就产权性质分布而言，资金担保链内的非国有企业分布更广。除了华北地区的典型网络成员在 2019 年全部为国有企业以外，其他地区的典型网络成员中非国有企业的数量更多。

最后，就是否 ST 分布而言，资金担保链的企业构成以非 ST 企业为主。这可能与 ST 企业本来数量就少有关。

8.8.5　资金担保链财务状况分析横向对比

从资金担保链企业的盈利能力、资产质量、偿债能力、运营能力和补充财务指标五个维度分别对各地区典型资金担保链财务状况进行横向对比，同时从财务状况的行业聚群、不均衡性、对财务状况的整体特征进行分析比较。

资金担保链的财务状况具有行业聚群性。由于资金担保链的企业行业分布具有一定的行业聚群效应，因此在财务状况上也显现出行业特点。以资金担保链中上市公司数量超过 10 个的华东地区和华南地区为例，华东地区的典型网络以房地产企业为主，在盈利能力方面，其利润率较高，现金回收能力较强；在资产质量方面，资产周转能力不强；偿债能力表现为财务杠杆较大，流动性偏低；运营能力表现为营业收入规模不断扩大，技术投入力度不大。这些都是房地产企业的典型财务特征，而华东地区的典型资金担保链也显现出了类似的特点。华南地区的典型网络以制造业企业为主，在盈利能力方面，其利润率不高，现金回收能力一般；在资产质量方面，资产周转能力良好；偿债能力表现为财务杠杆不高，流动性一般；运营能力表现为营业收入增长缓慢，技术投入力度一般。这些都是制造业企业的典型财务特征，而华南地区的典型资金担保链也显现出了类似的特点。

资金担保链的财务状况具有不平衡的特点。尽管资金担保链的行业聚群效应会导致在财务状况方面的行业特点，但是同一资金担保链内的不同企业的财务状况具有较大的差异。以资金担保链中上市公司数量超过 10 个的华东地区为例。华东地区的典型网络以房地产企业为主，在盈利能力方面，净资产收益率的平均值和中位数分别为 0.23 和 0.12，而最小值和最大值分别为 0.02 和 2.85，表明有少数企业的净资产收益率很高，而且与平均水平差异较大，大多数企业的净资产收益率处于平均水平以下，分析其他衡量盈利能力水平的财务指标依然可以得出相似的结论，这表明网络内企业的盈利水平差异较大，具有不均衡性。分析其资产质量、偿债能力和运营能力相关财务指标也能够得出相似结论。由此可见，资金担保链的财务状况具有不平衡的特点。

本章小结

本章的研究成果：

第一，对 2019 年各地区的典型资金担保链进行网络结构分析。

第二，对各地区的典型资金担保链中的关键链路和核心企业进行分析。

第三，对各地区的典型资金担保链发展历程进行纵向对比。

第四，对各地区的典型资金担保链中的上市企业的财务指标进行描述性统计分析。

第五，对各地区的典型资金担保链进行横向对比分析。

本章的研究发现：

第一，地理位置越靠南和东，该网络的网络直径越大，其平均路径长度和平均聚类系数也越大。

第二，华南地区的典型网络发展速度是 7 个地区中最大的，而东北地区的典型网络在 2019 年已经达到稳定，不再发展。

第三，各地区的典型资金担保链中的企业构成有显著的行业聚群特征，在同一行业的企业更容易聚集起来形成资金担保链。

第四，典型资金担保链内的非国有企业分布更广。

第五，典型资金担保链的财务状况具有行业聚群性和不平衡的特点。

第9章 资金担保链风险传染仿真与防范策略模拟

结合资金担保链风险传染的有向性和复杂性特点，构建真实链路风险传染的仿真模型，合理预测风险传染的广度和速度，是实现金融风险监测预警的突破口和难题。目前国内外对金融网络特别是银行之间的网络的风险传染研究较多，而对于资金单薄风险传染的研究较少。对资金担保链风险传染的存在性及其影响因素的理论研究较多，而对风险的传染机制研究较少。基于无向网络的传染研究较多，而基于资金担保链的有向性传染研究较少。此外，关于资金担保链风险传染机制的模拟，一般都以一定结构的企业网络为依托。受制于现实网络数据的可得性，这些研究一般根据经典的网络拓扑结构构建网络，例如 Barabasi 和 Albert（1999）提出的无标度网络（张轶和钱晓东，2014）和 WS 网络（邓超和陈学军，2014）。可以看出，学者对于资金担保链风险传染方面的研究均在不同程度上建立无向网络拓扑结构，在很大程度上忽略了网络的有向性，认为资金担保链中的企业是相互担保，而在现实情况中，除公司之间互保的情况外，也存在由一家公司单向担保另外一家公司，形成一条有向的链条的情形。鉴于此，本章首先对资金担保链的传染特性进行分析，据此构建出基于有向网络拓扑结构的改进 SIRS 模型，再通过该改进后的模型对资金担保链风险传染进行仿真分析。此外，通过设定政府、银行和企业的风险防控组合策略，进一步探究不同策略对风险传染的影响。研究结论有助于更好地模拟和预测我国资金担保链的风险传染机制，同时对政府、银行和企业加强风险监测、防控重大金融风险具有重要意义。

9.1　问题的提出

信贷担保是解决中小企业融资问题和降低违约风险的重要途径，但是在中国"关系型社会"的背景下，资金担保链在解决企业融资难问题的同时，也聚集了不少潜在风险。自 2000 年以来，资金担保链风险一直是政府和企业较为关注的热点问题，其引发的"多米诺负面效应"，不仅危及地方金融生态，形成区域性金融风险，甚至会跨区域传染，对中国经济造成巨大威胁。按照担保关系大于等于 3 家就构成担保链的原则（刘海明，2016），通过手工整理 CSMAR 数据库中上市公司担保与被担保情况，我们发现，我国加入资金担保链的上市公司由 2008 年的 325 家增加到 2019 年的 2278 家，且 2019 年被担保的 ST 企业达到了 113 家。此外，跨省资金担保链由 2008 年的 5 家增加到 2019 年的 76 家。数据表明，我国正形成以上市公司为龙头、具有更快聚集速度、更复杂网络结构、更多跨省覆盖的资金担保链，而这类资金担保链风险一旦爆发，对货币市场、资本市场将会带来双重冲击。根据资金担保链的传染特点建立合理的风险传染预测模型，并有针对性地提前防控，显得十分必要。

近年来，国内外诸多学者都关注到担保圈、担保链、资金担保链的风险传染问题。张泽旭等（2012）研究了企业间的担保链，提出了企业间的担保链会引起风险的传染，同时该传染条件与企业的资产负债率有关。崔蓓和王玉霞（2017）研究了供应链的担保圈风险，发现了若风险超过一定的阈值，网络的高度联通结构会加剧风险的传染。Leng 等（2017）研究了中小企业之间的联合贷款担保以及相互担保，发现了信用风险会在贷款资金担保链中进行传染。徐攀和于雪（2018）基于 SIRS 模型研究了企业间互保网络的风险传染问题，发现互保网络中风险存在传染效应。Li 等（2019）研究贷款资金担保链，构建了加权有向网络，发现了加大杠杆会加剧风险的传染。

现有文献着重探讨了资金担保链结构以及企业财务状况对风险传染的影响等方面，对资金担保链风险防控具有重要启示。然而，为更好地辅助我国金融风险防控工作，基于资金担保链风险传染特点的仿真预测模型却仍然有待开发。原因在于：第一，现有文献大多从无向网络（刘海明和曹廷求，2016；张翼等，2019）、完全互助网络（徐攀和于雪，2018）的角度进行资金担保链风险传染分析。少数学者虽然基于担保的有向性特点构建资金担保链，但是对其风险传染路径的研判，依然是采用无向网络的思维，认为任何企业都可以通过担保关系将风险传递到另一个企业，例如王维安等（2019）。而现实中，资金担保链中企业可能仅扮演担保方或被担保方中的一个角色。在有向资金担保链中，风险一般沿被担保方向担保方单向传染，因此现有研究无法充分揭示资金担保链的传染路径。第二，当前研究侧重于观察资金担保链在不同风险冲击下的表现，关注资金担保链本身的风险应对能力，如Li 等（2019）。然而，在重大金融风险防控工作中，风险预测往往更加重要，尤其是对真实链路所进行的仿真与预测。第三，现有文献提出了诸多管控资金担保链风险传染的措施，指导意义较为有限。现实中资金担保链风险防控并不是政府、银行、企业某一方的工作，更多需要三方共同参与，即形成防控组合策略。不同的组合策略对风险的防控效果会有一定差异，因此有必要对组合策略的防控效果进行仿真评估。

基于此，本章尝试基于资金担保链风险传染的有向性特点，构建改进SIRS 模型，以上市公司资金担保链真实链路为案例，进行资金担保链风险传染预测与仿真，并设定政府、企业与银行的组合防控策略进行仿真，以期了解与探究资金担保链风险传染的真实情况，并对企业、政府和银行提出相应的管理建议。

9.2 资金担保链风险传染的特征分析

资金担保链由于存在有向性，不同于一般的无向网络，网络中个体相同，链条相同，但链条方向不同，最终呈现的传染结果完全不同，如图 9-1 所示。

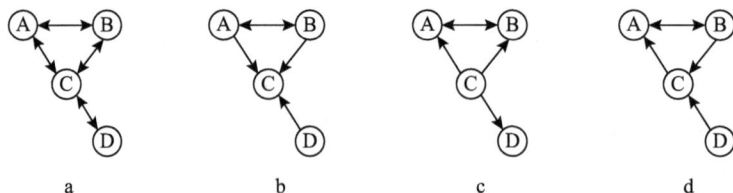

图 9-1 四种不同链条方向的资金担保链

首先，图 9-1a 中每条担保链的方向都是双向的，即存在 4 条互保链，相当于无向网络。在该网络中，一个节点出现问题，风险将会顺着各条链路进行传染。比如当企业 A 出现问题后，风险沿着链路进行传染，首先可能传染到企业 C 和企业 B，当企业 B 被感染后，也可以感染企业 C，当企业 C 被感染后，企业 D 也可能被感染，最终该网络中每个企业都被风险传染。

其次，图 9-1b 中企业 A 和企业 B 之间是互保状态，企业 A、企业 B 和企业 D 同时担保了企业 C，但是企业 C 并没有担保它们。如果以企业 C 为中心，资金担保链呈现一种方向向内的星状结构。因此，当企业 C 破产时，风险会随着链路传染到企业 A、企业 B 和企业 D；但是当企业 A、企业 B 或者企业 D 破产时，风险并不会沿着链路传染到企业 C。

再次，图 9-1c 中企业 A 和企业 B 之间是互保状态，企业 C 同时担保了企业 A、企业 B 和企业 D，但是它们并没有担保企业 C，出现了一种方向向外的星状结构。因此，当企业 C 破产时，风险并不会通过担保链进行传染，而当企业 A、企业 B 或企业 D 破产时，风险会通过担保链传染到企业 C。

最后，图 9-1d 中企业 A 和企业 B 之间是互保状态，企业 B 和企业 D 担保了企业 C，而企业 C 只担保了企业 A，即出资金担保链中呈现了"企业 D →企业 C →企业 A、企业 B →企业 C →企业 A"等链状结构。因此，当企业 A 破产时，风险会随着担保链首先向企业 C 和企业 B 进行传染；当企业 C 也发生问题时，风险又会随着担保链向企业 D 进行传染；而当企业 D 出现问题时，风险无法传染。

综上所述，我们发现不同链条方向的资金担保链，其风险传染的情况完全不一致，传统的 SIRS 模型无法解决这一问题，因此本章将基于有向网络对 SIRS 模型进行改进，构建出可以解释有向资金担保链风险传染的模型。

9.3　资金担保链风险传染的模型构建

9.3.1　传统 SIRS 模型介绍

SIRS 模型是一种典型的流行病学模型，被广泛地使用在传染病的分析中。由于风险传播具有和病毒传播相似的特征，近些年该模型也被用于风险传染的分析中（胡志浩和李晓花，2017；徐攀和于雪，2018）。

在 SIRS 模型中，认为网络中存在三种不同状态的个体，即易感个体 S（Susceptible）、感染个体 I（Infective）以及免疫个体 R（Recovery）。而这三者之间的关系如图 9-2 所示：

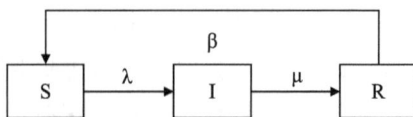

图 9-2　传统 SIRS 模型传染路径

在 SIRS 模型中，感染个体 I 是这个传染过程的源头，它由 λ 的概率感染易感个体 S，使其变成感染个体 I，而感染个体 I 也由 μ 的概率被治愈变成免疫个体 R，相应地，免疫个体也会由 β 的概率失去免疫能力重新变成易感个体 S。

9.3.2　基于有向网络的改进 SIRS 模型

为了更好地根据资金担保链的传染特点构建传染模型，我们用图 9-1b 中的资金担保链进行初步的传染分析，并设定如下参数。

λ：表示被感染企业感染的概率，即在上市公司资金担保链中已经感染的企业将风险传染给易感状态下的担保企业的概率。在资金担保链中，该参数主要受到担保企业担保感染企业的担保金额以及参与度等因素影响。

μ：表示感染企业彻底破产的概率，即处于感染状态的企业，由于无法还清债务或者现金流断裂等原因，导致其彻底破产并退出资金担保链。

α：表示被破产企业感染的概率，虽然企业出现破产，但其债务依旧需要由担保企业偿还，因此还能进行传染，但该传染只进行一次。

β：表示感染企业被成功治愈的概率，即处于感染状态的企业，通过自身或者外界的救助摆脱感染，重新变为易感企业的概率。

我们假设在 9-1b 的资金担保链中，企业 C 是感染个体 I（既有出度，又有入度），也就是债务违约企业，那么，企业 A、企业 B、企业 D 都是易感个体 S。按照改进后的 SIRS 模型，在 t = 1 时刻，企业 A、企业 B、企业 D 以 λ 的概率可能被感染，进而出现债务违约，成为感染个体 I，同时企业 C 也由 α 的概率出现破产以及由 β 的概率获得治愈。

若 t = 1 时刻企业 A、企业 B、企业 D 中存在企业没有被感染，在 t = 2 时刻，将存在如下三种传染情形：

第一种，企业 C 在 t = 1 时刻未破产且未被治愈：

企业 A、企业 B、企业 D 中存在 t = 2 的时候依旧会有 λ 的概率被感染。

第二种，企业 C 在 t = 1 时刻破产：

在 t = 2 时刻，未被感染的企业将会由 α 的概率被感染，同时企业 C 将从资金担保链中被移除。

第三种，企业 C 在 t = 1 时刻被治愈：

在 t = 2 时刻，未被感染的企业将不会受到企业 C 的感染。

此外，在 t = 1 时刻被感染的企业，都可能以 μ 的概率直接破产，彻底退出资金担保链，也可能以 β 的概率获得治愈，重新变成易感个体 S。而感染个体变成易感企业后，如果是感染个体只有企业 D（只有出度，没有入度），不会传染给任何企业。如果是感染个体是企业 A 或企业 B，只会传染给企业 B 或企业 A。

根据上述分析，可以发现，基于资金担保链特点构建的改进后的 SIRS 模型，应该满足：

第一，有入度的感染企业 I，才会传染给易感企业 S。

第二，有出度的易感企业 S，才会被传染为感染企业 I（债务违约企业）。

第三，易感企业 S 变成感染企业 I 后，通过一定概率被治愈，重新变成易感个体 S，也可能通过一定概率破产，成为移除个体 R（破产企业）。移除个体 R 则成为退出网络的企业。只要企业还在资金担保链中，就永远只有两种状态：易感状态 S 和感染状态 I（即出现债务违约情况）。

根据上述传染路径，我们结合 SIS 模型和 SIR 模型，构建出基于有向资金担保链的改进 SIRS 模型，如图 9-3 所示：

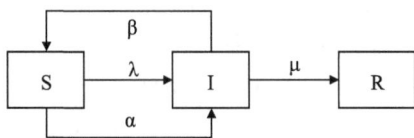

图9-3　基于资金担保链传染特点改进的 SIRS 模型

在初始时刻，即 t = 0 时，设定初始这三类节点的比例分别为：s（0）、i（0）、r（0），其中，r（0）= 0。

在任意时刻 t，每一个易感节点 S_i 被感染的总概率为：

$$P_{S_{i,t}} = 1 - (1-\lambda)^{x_{S_{i,t}}} \cdot (1-a)^{y_{S_{i,t}}} \qquad (9-1)$$

其中，$x_{S_{i,t}}$ 表示易感节点 S_i 在时刻 t 时担保的企业中处于感染状态下的企业的数量；$y_{S_{i,t}}$ 表示易感节点 S_i 在时刻 t 时担保的企业中在时刻 t 时刚刚变成破产状态下的企业的数量。同时，在任意时刻 t，每一个被感染节点 I_j 被

治愈的总概率为 β，每一个被感染节点 I_j 最终破产的概率为 μ。

由此，我们可以根据上述模型进行传染仿真，仿真流程如图 9-4 所示：

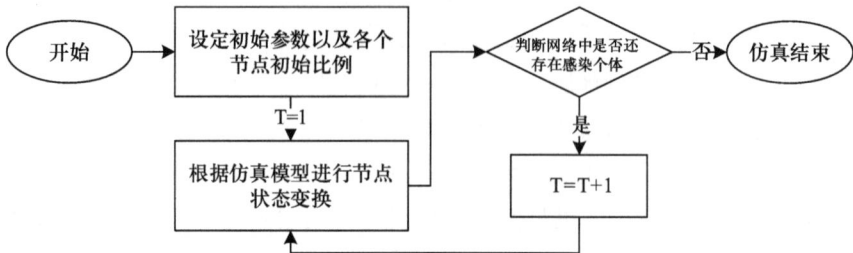

图 9-4　仿真流程

9.4　资金担保链风险传染的仿真分析

9.4.1　数据来源以及参数设定

本章从国泰安数据库中选取出 2008~2019 年的非金融类上市公司担保信息，构建出一个大型跨省资金担保链进行仿真传染研究。

图 9-5 为本章所选取的资金担保链可视化图。截至 2019 年该网络包含了 32 家上市公司，分别为：中洲控股、华侨城 A、荣安地产、航天发展、三木集团、西王食品、阳光城、泰禾集团、浙商中拓、广宇集团、滨江集团、立讯精密、领益智造、保利地产、宋都股份、福日电子、天津松江、广汇能源、城建发展、天房发展、华发股份、首开股份、广东明珠、广汇物流、绿地控股、信达地产、物产中大、光明地产、实达集团、杭州解百、四方股份和大唐发电。同时该担保圈包含了 2667 家非上市公司，所包含的省份包括北京、福建、广东、湖南、山东、上海、四川、天津、新疆和浙江。

我们将被感染企业感染的概率（λ）设定为 0.4，感染企业彻底破产的概率（μ）设定为 0.05，感染企业被成功治愈的概率（β）设定为 0.1，考虑到企业破产所牵连的债务要比一般企业高，因此将被破产企业感染的概率（α）设定为 0.6。考虑到最先出现感染企业的比例较小，因此将网络的初始状态设定为感染企业占网络中所有企业的 1%。

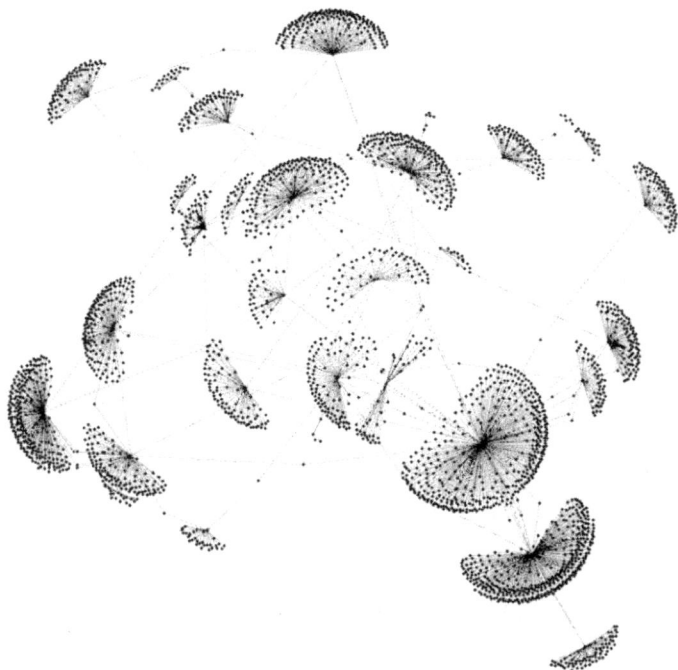

图 9-5　大型跨省资金担保链

9.4.2　仿真结果

我们根据改进的 SIRS 模型以及参数的初始设定对上述所选取的资金担保链进行传染仿真，仿真结果如图 9-6 所示。

由图 9-6 我们可以发现，随着时间的推移，未感染的公司（即易感个体S）的比例呈先下降后上升的趋势。当 T = 8 时，未感染的公司比例达到最低，为 0.96854。当 T = 46 时，未感染的公司比例达到稳定，为 0.98192，感染就此结束。感染公司的比例先上升后下降，最终达到 0。在 T = 5 时，感染公司的比例达到最大值，为 0.02604。破产公司的比例随着时间的推移而不断上升，当 T = 40 时，破产公司的比例达到最大，为 0.018083。根据上面三种不同状态下的公司比例的变化我们发现，在感染过程中，感染公司最终都会破产变为破产公司或者被治愈变为未被感染的正常公司。这一结果与徐攀和于雪（2018）的仿真结果不同，也与一般金融网络风险传染的仿真结果十分不同（吴田，2018；胡志浩和李晓花，2017）。我们认为这个结果更适合现实情况的风险传染，因为被感染的公司最终不可能一直处于被感染状

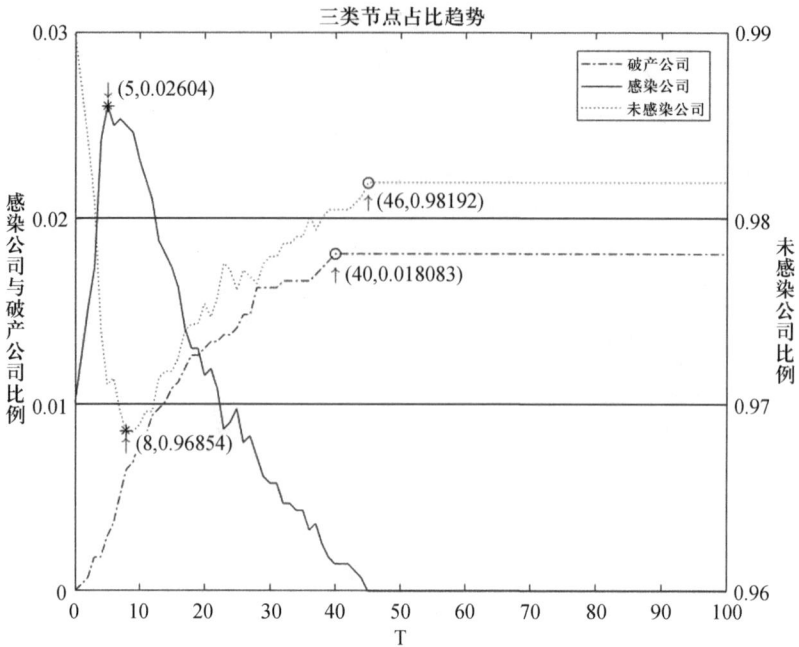

图 9-6　初始仿真结果

态，只能被治愈即度过违约危机，变回正常公司，或者宣布破产，变成破产公司。

　　为了能探究出不同参数对感染的过程的影响以及影响的效果，我们分别对参数 λ、β 以及 μ 进行敏感性分析（由于每期破产的企业较少，导致参数 α 对感染过程的影响较小，因此在这里不探究该参数的敏感性）。

9.4.3　敏感性分析

　　为了能更直观地体现三种参数对感染过程的影响，我们采用感染个体的峰值和最终破产公司的比例作为两个指标进行分析。

9.4.3.1　感染峰值的敏感性分析

　　图 9-7 至图 9-9 分别为感染峰值关于感染率 λ、治愈率 β 以及破产率 μ 的变化。由于仿真过程存在随机性，因此每个参数下所对应的感染峰值为在该参数下十次仿真结果的平均值。从单个参数来看，随着感染率 λ 的增加，虽然由于仿真传染具有一定的随机性，导致感染峰值的上升存在一定的波动性，但总体而言，感染比例的峰值与感染率 λ 存在正相关关系；随着治愈率 β 的升高，感染比例的峰值总体而言是下降的，由此我们可以得出感染比例

峰值与治愈率 β 的关系是负向的；随着破产率 μ 的升高，感染比例的峰值总体而言是下降的，因此我们可以得出感染比例的峰值与破产率 μ 的关系是负向的。

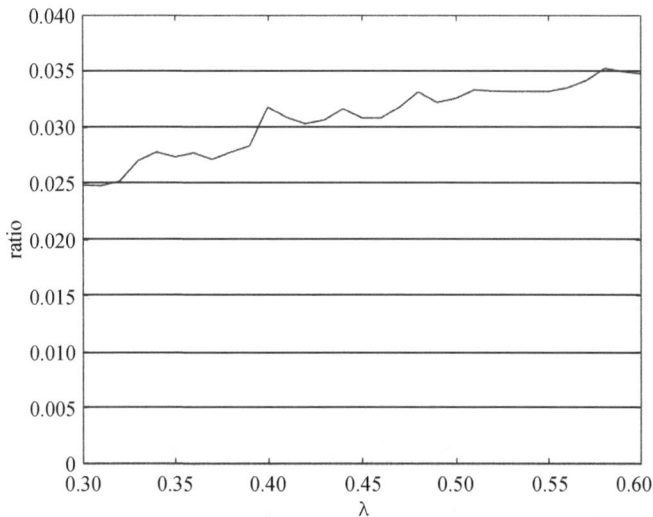

图 9-7　感染峰值对感染率的变化

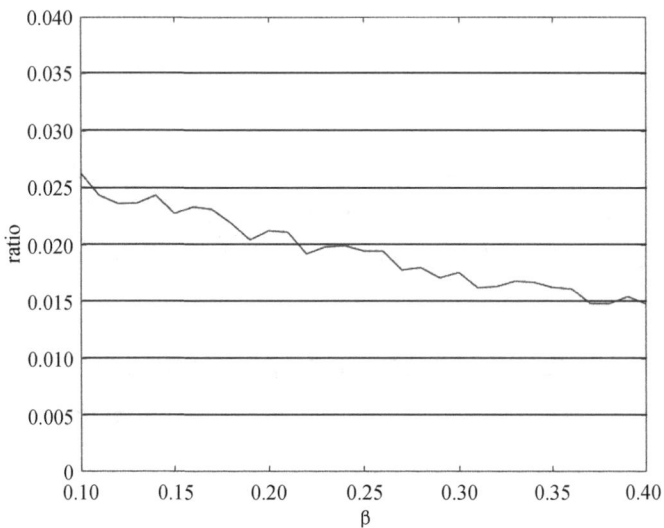

图 9-8　感染峰值对治愈率的变化

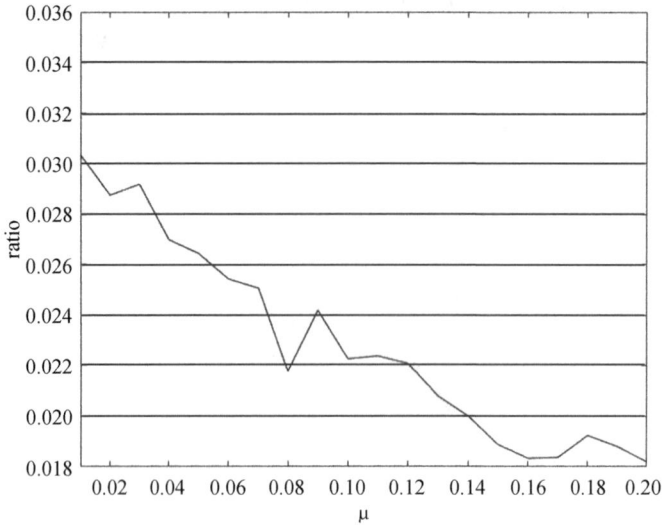

图 9-9　感染峰值对破产率的变化

为了了解感染峰值对每个参数的敏感性，我们采用 DSA 方法（张水锋等，2021）构建敏感性指数 S 对三个参数进行敏感性分析，敏感性指数 S 的计算公式如下：

$$S = \left| \frac{\frac{(y_1 - y_2)}{y_0}}{\frac{2 \cdot \Delta x}{x_0}} \right| \qquad (9-2)$$

其中，(x_0, y_0) 表示参数初始值以及所对应的感染峰值，Δx 表示变化的步长，y_1 和 y_2 表示在参数 $x-\Delta x$ 和 $x+\Delta x$ 下所对应的感染峰值。

根据公式（9-2），我们可以计算出三个参数的敏感性指数，如表 9-1 所示：

表 9-1　感染峰值关于三个参数的敏感性指数

参数	敏感性指数
感染率 λ	0.5000
治愈率 β	0.4583
破产率 μ	0.2500

根据表 9-1 我们可以发现，感染率 λ 的敏感性指数最大，而破产率 μ 的

敏感性指数最小。因此，感染峰值对于感染率的敏感性最强，而对于破产率的敏感性最弱。

9.4.3.2　破产峰值的敏感性分析

图 9-10 至图 9-12 分别为破产公司峰值关于感染率 λ、治愈率 β 以及破产率 μ 的变化。由于仿真过程存在随机性，因此每个参数下所对应的破产公司峰值为在该参数下十次仿真结果的平均值。从单个参数来看，随着感染率 λ 的增加，破产公司峰值也随之上升，因此破产公司峰值与感染率 λ 存在正相关关系；随着治愈率 β 的升高，破产公司峰值总体而言是下降的，由此我们可以得出破产公司峰值与治愈率 β 的关系是负向的；随着破产率 μ 的升高，破产公司峰值总体而言是上升的，因此我们可以得出感染比例的峰值与破产率 μ 的关系是正向。同时从总体上看，我们发现感染率和治愈率这两个参数的波动明显大于破产率，其主要原因是这两个参数对与破产公司峰值的影响是间接的，需要通过感染公司进行影响，因此这种间接的影响加大了仿真的随机性，从而导致了这两个参数的波动较大。最后，为了了解破产公司峰值对每个参数的敏感性，我们计算了三个参数的敏感性指数 S，如表 9-2 所示。

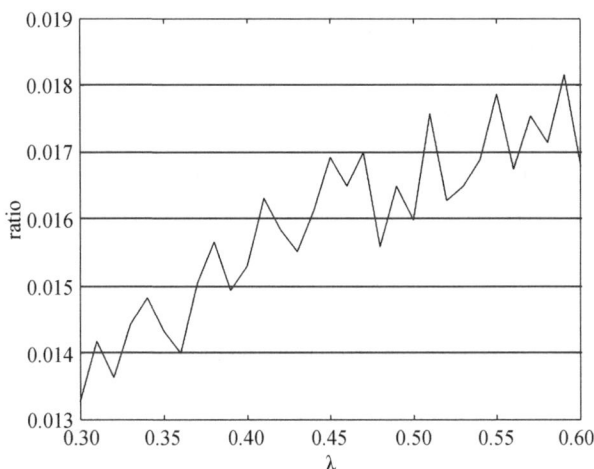

图 9-10　破产公司峰值对感染率的变化

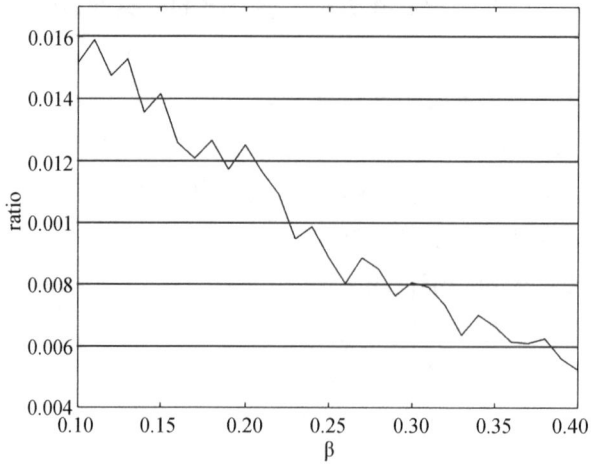

图 9-11　破产公司峰值对治愈率的变化

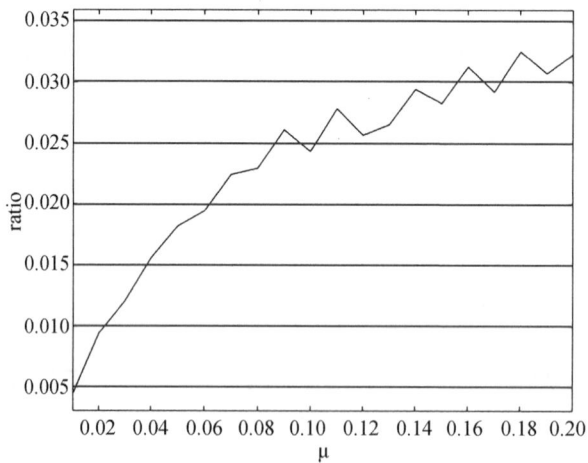

图 9-12　破产公司峰值对破产率的变化

表 9-2　破产公司峰值关于三个参数的敏感性指数

参数	敏感性指数
感染率 λ	0.3281
治愈率 β	0.8333
破产率 μ	0.7273

根据表 9-2 我们可以发现，感染率 λ 的敏感性指数最小，而治愈率 β 的敏感性指数最大。因此，破产公司峰值对于感染率的敏感性最弱，而对于治愈率的敏感性最强。

9.4.4　基于指定企业感染的风险传染仿真

在上述仿真中，设定的初始被感染企业是随机地分布在网络中的，为了能更好地了解哪些企业会引起程度较大的风险传染，在上述随机分布的企业中，选一些指定的企业进行替换，再进行风险传染的仿真分析。

9.4.4.1　网络入度

选取网络中入度前十的企业放入初始感染的企业中进行替换，得到传染仿真结果如图 9-13 所示：

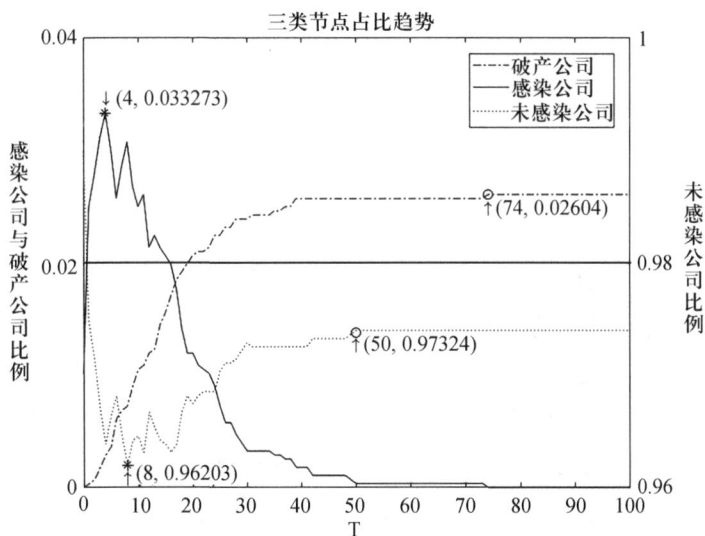

图 9-13　入度前十企业进行替换的传染仿真结果

由图 9-13 我们可以发现，在 T = 4 时，感染公司的比例达到最大，为 0.033273；当 T = 74 时，破产企业比例达到最大，为 0.02604；当 T = 8 时，未感染企业的比例达到最小，为 0.96203；当 T = 50 时，未感染企业比例达到稳定，为 0.97324。

同时选取网络中入度后十但不小于 1 的企业进行替换，得到传染仿真结果，如图 9-14 所示。

由图 9-14 可以发现，在 T = 4 时，感染公司的比例达到最大，为

0.022785；当 T = 48 时，破产企业比例达到最大，为 0.018083；当 T =7 时，未感染企业的比例达到最小，为 0.97179；当 T = 47 时，未感染企业比例达到稳定，为 0.98192。

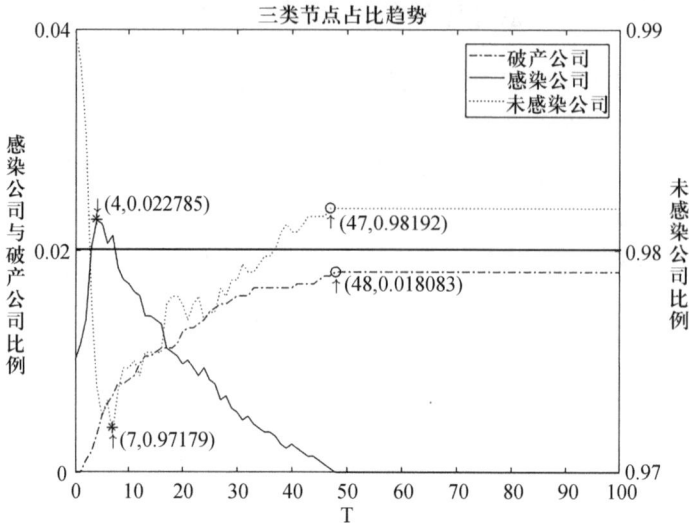

图9-14　入度后十企业进行替换的传染仿真结果

相比于原始随机分布企业的仿真结果，我们发现将入度前十的企业进行替换，感染公司比例峰值增加了 27.78%，未感染企业比例的低点下降了 0.67%，破产企业比例增加了 44.00%；而将入度后十的企业进行替换，感染公司比例峰值下降了 12.50%，未感染企业比例的低点增加了 0.34%，破产企业比例没有变化。因此我们发现，对于感染企业而言，入度大的企业若发生感染，则会加大风险传染的程度。同时，我们发现入度大的企业发生感染，还会加快感染企业峰值达到的时间，即加大了感染的速度。

9.4.4.2　特征向量中心度

选取网络中特征向量中心度前十的企业放入初始感染的企业中进行替换，得到传染仿真结果如图9-15所示。

由图9-15我们可以发现，在 T = 4 时，感染公司的比例达到最大，为 0.033996；当 T = 57 时，破产公司的比例达到最大，为 0.028571；当 T = 9 时，未感染企业的比例达到最小，为 0.95913；当 T = 67 时，未感染企业比例达到稳定，为 0.97143。

同时选取网络中特征向量中心度后十的企业进行替换，得到传染仿真结果如图 9-16 所示。

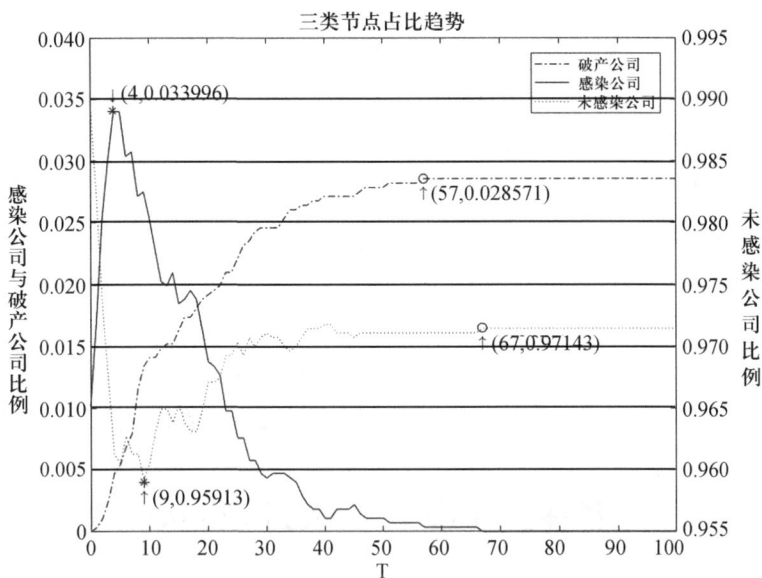

图 9-15　特征向量中心度前十企业进行替换的传染仿真结果

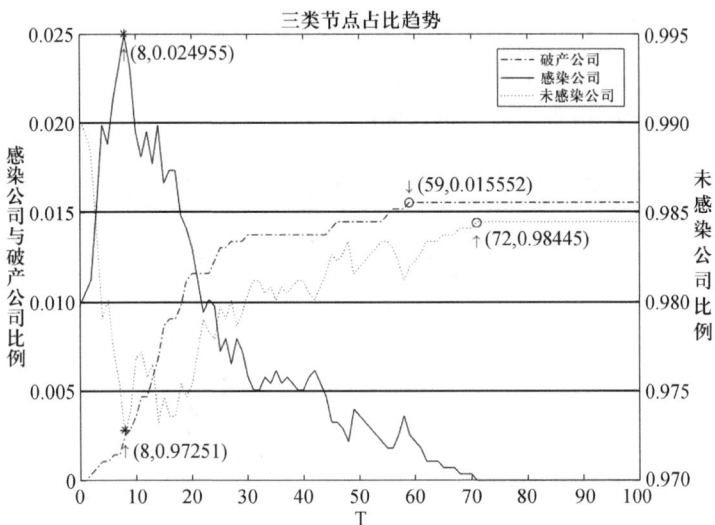

图 9-16　特征向量中心度后十企业进行替换的传染仿真结果

由图 9-16 我们可以发现，在 T = 8 时，感染公司的比例达到最大，为 0.024955；当 T = 59 时，破产企业比例达到最大，为 0.015552；当 T = 8 时，未感染企业的比例达到最小，为 0.97251；当 T = 72 时，未感染企业比例达到稳定，为 0.98445。

相比于原始随机分布企业的仿真结果，我们发现将特征向量中心度前十的企业进行替换，感染公司比例峰值增加了 30.55%，未感染企业比例的低点下降了 0.97%，破产企业比例增加了 58.29%；而将特征向量中心度后十的企业进行替换，感染公司比例峰值下降了 4.16%，未感染企业比例的低点增加了 0.41%，破产企业比例下降了 14.00%。因此我们发现，对于感染企业而言，特征向量中心度大的企业若发生感染，则会加大风险传染的程度，但是会减小传染的速度。

同时，将入度和特征向量中心度相比，发现与入度前十的企业被感染相比，中心度前十的企业被感染对传染的程度的影响更大，但会减小传染的速度。

9.5 资金担保链风险传染的防范策略模拟

由于在现实情况下，若网络中出现风险传染，网络中的企业以及政府和银行都会做出相应的措施进行干预，这些措施风险传染的过程均会对参数产生影响。因此我们提出政府、企业以及银行能够采取的部分影响传染参数的应对策略，并假定了相应的影响系数[①]，如表 9-3 所示。将这些策略进行组合代入传染过程进行仿真，探究这些策略的效果。

表 9-3 政府、企业和银行的防控策略及其对参数的影响

主体	策略	程度	代码	影响
政府	救助力度	高	A1	提高 10% 治愈率
		中	A2	不变
		低	A3	降低 10% 治愈率
企业	对自身现金流的重视程度	高	B1	降低 10% 感染率
		中	B2	不变
		低	B3	提高 10% 感染率

---

① 现实中，影响系数往往被视为策略的实施目标或经济后果。

主体	策略	程度	代码	影响
银行	对贷款期限的判断	愿意延长期限	C1	降低 10% 破产率
		不变	C2	不变
		缩短贷款期限	C3	提高 10% 破产率

表 9-3 为政府、企业以及银行所采取的防控策略以及策略对参数的影响。将这些策略分别进行组合，进行传染仿真分析，将传染过程中感染公司比例的峰值以及破产公司的比例作为衡量传染程度两个参数，构建出一个评价传染程度的指标，指标的计算公式为：

$$F = \max [i(t)] + r(T) \tag{9-3}$$

其中，$i(t)$ 表示传染过程中感染公司的比例，$r(T)$ 表示在稳定状态下破产公司的比例。

同时，我们利用达到感染比例峰值的时间和感染程度 F 来构建风险传染速度指标 V。该指标越大，表明资金担保链违约风险的传染程度越大，同时传染的时间越短，组合策略的防控效果越差。

$$V = F/t \tag{9-4}$$

根据上述指标，可以得到各组合策略下所对应的传染程度、传染时间和传染速度。我们根据传染程度、传染时间和传染速度分别为组合策略的风险防控有效性进行排序，同时按照"传染程度最小为优先，传染速度最慢为参照"的风险防控原则，对各组合策略的综合防控有效性进行综合排序，如表 9-4 所示。

表 9-4　组合策略下资金担保链风险传染情况

组合策略	传染程度 F		传染时间 t		传染速度 V		综合防控有效性排序	说明
	大小	有效性排序	大小	有效性排序	大小	有效性排序		
A1B1C1	0.04297	2	7.7	9	0.00558	2	1	防控有效
A1B1C2	0.04546	9	7.4	15	0.00614	15	—	防控无效
A1B1C3	0.04239	1	7.4	15	0.00573	5	2	防控有效
A1B2C1	0.04514	6	7.5	13	0.00602	13	4	防控有效
A1B2C2	0.04637	17	7.5	13	0.00618	16	—	防控无效
A1B2C3	0.04546	9	8.6	1	0.00529	1	—	防控无效

续表

组合策略	传染程度 F		传染时间 t		传染速度 V		综合防控有效性排序	说明
	大小	有效性排序	大小	有效性排序	大小	有效性排序		
A1B3C1	0.04517	7	7.0	23	0.00645	18	5	防控有效
A1B3C2	0.04626	16	7.8	6	0.00593	9	—	防控无效
A1B3C3	0.04488	5	6.0	26	0.00748	26	7	防控有效
A2B1C1	0.04546	9	7.8	6	0.00583	6	—	防控无效
A2B1C2	0.04387	3	7.3	17	0.00601	12	3	防控有效
A2B1C3	0.04452	4	6.4	25	0.00696	23	6	防控有效
A2B2C1	0.04568	14	8.1	2	0.00564	4	—	防控无效
A2B2C2	0.04521	8	8.1	2	0.00558	3	8	平均水平
A2B2C3	0.04727	20	7.9	5	0.00598	11	—	防控无效
A2B3C1	0.04756	22	7.3	17	0.00651	20	—	防控无效
A2B3C2	0.04850	26	6.0	26	0.00808	27	—	防控无效
A2B3C3	0.04702	18	7.2	19	0.00653	21	—	防控无效
A3B1C1	0.04803	24	8.1	2	0.00593	8	—	防控无效
A3B1C2	0.04546	9	7.6	11	0.00598	10	—	防控无效
A3B1C3	0.04727	20	7.6	11	0.00622	17	—	防控无效
A3B2C1	0.04553	13	7.7	9	0.00591	7	—	防控无效
A3B2C2	0.04716	19	7.2	19	0.00655	22	—	防控无效
A3B2C3	0.04600	15	7.1	22	0.00648	19	—	防控无效
A3B3C1	0.04767	23	7.8	6	0.00611	14	—	防控无效
A3B3C2	0.05063	27	7.2	19	0.00703	24	—	防控无效
A3B3C3	0.04810	25	6.7	24	0.00718	25	—	防控无效

注：每个组合的传染程度都是在该组合下仿真模拟十次的平均值，部分相同值的排序是依据没有保留小数位的结果进行的排序。

表 9-4 为各个组合策略下的传染程度表。A2B2C2 是政府、企业、银行三方主体均不参与风险防控的组合策略，不会带来任何风险参数的变化，反映了资金担保链违约风险传染的平均水平。因此可以将其他组合策略的实施效果与 A2B2C2 进行比较。

根据表 9-4，我们可以发现如下结果：

第一，传染程度防控有效性。

在组合策略中，资金担保链违约风险传染程度 F 小于 0.04521（A2B2C2 策略下的风险传染程度）的组合分别有 A1B1C3（F=0.04239）、A1B1C1（F=0.04297）、A2B1C2（F=0.04387）、A2B1C3（F=0.04452）、A1B3C3（F=0.04488）、A1B2C1（F=0.04514）和 A1B3C1（F=0.04517），这七种组合策略对违约风险传染程度的防控有效。其中，传染程度 F 最小的两种组合是 A1B1C3 和 A1B1C1，传染指标 F 分别为 0.04239 和 0.04297，这两种组合策略对传染程度的防控效果最好。在这两种组合中，企业的策略都是加强对自身的现金流的重视程度以及政府的策略都是加大对企业的救助力度；而相比于政府和企业的防控策略，传染程度最低组合（A1B1C3）中银行的策略却是对于企业的贷款期限缩短。其原因是加大了破产率，导致感染企业数量下降，使能传染的企业减少了，降低了感染比例的峰值，而加大的破产率对破产企业峰值的影响较小，因此降低了传染程度。

第二，传染时间防控有效性。

在组合策略中，资金担保链违约风险传染时间 t 大于 8.1（A2B2C2 策略下的风险传染时间）的组合为 A1B2C3，传染时间 t=8.6。由此我们可以发现，政府采取加大救治力度以及银行缩减贷款期限均能减小违约风险传播的时间。

第三，传染速度防控有效性。

在组合策略中，资金担保链违约风险传染速度 V 小于 0.00558（A2B2C2 策略下的风险传染速度）的组合有 A1B2C3 和 A1B1C1，传染速度 V 分别为 0.00529 和 0.00558。传染速度下降明显的为 A1B2C3，这表明在企业不参与自救的情况下，政府采取加大救治力度以及银行缩减贷款期限可以显著减小单位时间资金担保链中违约风险的传染程度。

第四，综合防控有效性。

按照"传染程度最小为优先，传染速度最慢为参照"的风险防控原则，资金担保链风险防控的首要目标是减少风险传染的程度，即：一方面，选择降低传染过程中感染公司的比例和破产公司比例的组合策略，这是组合策略防控是否有效的区分标准。另一方面，为便于资金担保链违约风险传染过程中实施多次干预或救助，应在保证降低传染程度的基础上，选择单位时间传染程度最低的组合策略，即传染速度最小的组合策略。由表 9-4 我们可以发现，防控有效的组合策略主要有 A1B1C3（F=0.04239）、A1B1C1（F=0.04297）、

A2B1C2（F=0.04387）、A2B1C3（F=0.04452）、A1B3C3（F=0.04488）、A1B2C1（F=0.04514）和A1B3C1（F=0.04517）共七种。这七种防控组合策略中，有五种组合策略都包含A1，即政府提供高救助力度，提高企业治愈率；有四种组合策略都包含B1，即企业积极加强自身现金流管理；仅有三种组合策略包含C1，即银行延长感染企业的贷款期限，另有三种组合策略包含C3，即银行缩短感染企业的贷款期限。这表明，在资金担保链违约风险传染的防控中，最重要的是政府的干预和企业的积极自救。通过参照传染速度V的大小，可以对以上七种策略进行综合防控有效性排序，得到防控效果最佳的组合策略是A1B1C1。即最好策略是政府加大救助力度，企业加强对自身现金流的重视程度，银行在发生传染时，适当延长感染企业的贷款期限。其次是A1B1C3。

第五，单独策略与组合策略实施效果的比较。

组合策略A1B2C2、A2B1C2和A2B2C1分别表示由政府、企业、银行某一方主体单独采取防控策略。可以发现，在资金担保链违约风险传染防控中，如果仅由一方采取积极策略，风险传染程度F排名分别为第17名、第3名、第14名，传染时间t排名分别为第13名、第17名、第2名，传染速度排名分别为第16名、第12名、第4名。其中，A1B2C2和A2B2C1综合防控无效，而A2B1C2综合防控（综合防控有效性排第3名）有效，但防控效果均不如A1B1C1（防控有效性排第1名）。这不仅表明在资金担保链违约风险防控中，政府、企业和银行某一方单独采取防控措施的实施效果不如组合策略，也说明在违约风险防控中企业内部加强自身现金流管理往往比外部采取干预措施更加有利于风险防控实施效果。

第六，政府救助与多主体参与。

值得注意的是，A1B3C3的防控效果排第7名，综合防控有效，但传染程度F接近于平均水平A2B2C2。而A1B2C2、A1B2C3、A1B3C2的综合防控效果均为无效。这表明，在资金担保链违约风险防控中，如果企业和银行不参与防控或消极配合，政府的积极救助力度所带来的防控效果将十分有限，甚至不如不参与积极救助（A2B1C2，排第3名；A2B1C3，排第6名）。

本章小结

本章的研究结论：

第一，通过对模型中的相关参数进行敏感性分析，探究模型的正确性以及感染过程对参数的敏感性。研究发现：感染过程中的感染比例峰值对于感染率的敏感性最强，而对于破产率的敏感性最弱；感染过程中的破产公司峰值对于治愈率的敏感性最强，而对于感染率的敏感性最弱。

第二，对初始的感染公司进行替换，分别将网络中入度前十、后十以及特征向量中心度前十、后十的公司替换成初始的感染公司进行传染仿真，探究哪些企业会引起更大的风险传染。研究发现入度大的企业发生感染时，会加大传染的程度以及加快感染企业峰值达到的时间；而特征向量中心度大的企业发生感染时，会引起比入度大的企业被感染更大的传染程度，但是会减小传染的速度。

第三，对企业、政府和银行的救助策略进行组合，构建 27 种组合策略并进行仿真评价，研究发现：在 27 种组合策略中，最好的组合策略是政府加大救助力度，企业加强对自身现金流的重视程度，同时银行适当延长感染企业的贷款期限。此外，在资金担保链违约风险传染的防控中，政府救助需要多方参与配合才能达到最佳的效果，而且政府、企业和银行三方的防控策略最重要的是政府的救助和企业的积极自救，而银行应针对不同策略进行分类配合。

第10章 基于监测预警的资金担保链风险防控对策

目前，在我国经济下行压力较大的背景下，企业资金链与担保链交互叠加形成的"两链"风险有所增加且呈现非线性累积态势，其中担保链是引发资金链风险的重要原因，而化解企业"两链"风险又难点重重，本章将基于监测预警的企业资金链和担保链风险两方面，从企业个体微观角度以及宏观环境角度探索多元化风险化解机制，走出"担保链"风险困局，为建立我国企业资金担保链风险的防控机制提供有益参考。

10.1 资金链风险的防控对策

10.1.1 企业个体的微观层面

10.1.1.1 在信用政策方面

针对应收账款催收困难使企业资金被无偿占用，导致出现资金短缺，从而阻碍企业资金循环的问题，很多学者在研究中提出了相关建议。胡昱翀（2018）提出要按年或者按季度对应收账款进行清理，及时发现坏账、呆账，也可以采用资本市场的质押方式，尽快回收应收账款。丁丁（2011）认为，从应收账款赊销的效果好坏的角度出发，企业应建立应收账款坏账准备制度，并实行应收账款催收责任制和清欠奖励制度。

10.1.1.2 在资金管理方面

应收账款能否变现的风险会直接导致企业现金流的短缺，因此有不少研究指出还应强化企业的资金控制管理，制定合理的信用管理政策。企业首先应保持良好适当的资本结构，流动资产在企业内部总资产中占有合理比重，增强企业资产的变现能力（侯桂玲，2019）。郑爽乐（2016）根据"现金至上"、存货快速变现的原则，建议企业可以采取打折促销等方式快速销售，把资金回笼摆在企业现阶段的重要位置。曲晓艺（2019）指出，要以最佳现金持有量为起点，编制现金预算，并将筹资、投资、运营和资金回收等具体环节与现金预算有机结合。Honohan（2010）从限制担保贷款在信贷总额中所占的比例出发，指出要为预算总额承担可承受的上限，做好资金管理。刘会军（2014）建议整合各资金主体的存量资金，提升资金运作各个环节的可控程度。

10.1.1.3　在融资管理方面

由于中小企业通过在资本市场上发行股票和债券融资困难导致资金无法流通，很多研究都指出企业应该拓宽融资渠道、发展新型融资模式。Beaver 等（2009）从公司内部管理入手，发现股权融资能够为中小企业提供快捷、灵活的融资服务，提高资金净利率，保证安全的现金流。胡昱翀（2018）建议企业可以考虑资本市场上的资产租赁的方式进行融资。郑爽乐（2016）指明了拓宽融资的具体方法，例如寻求委托贷款、发行债券以及引入项目股权基金等，甚至可以进行海外合作。Cusmano（2013）研究发现，政府在各种机构级别上都建立了担保计划的财务支持，例如赠款、补贴贷款或股权融资。通常情况下，股权融资、票据融资、应收账款融资和各种理财产品融资是企业可以考虑的融资途径（王红霞，2011）。

10.1.1.4　在经营管理方面

在源头化解企业的资金链断裂风险问题，最关键的就是改善企业的自身管理体系，提高企业的核心竞争力。只有不断提升自身产品品质以及服务质量，经营好自己的主营业务，才能从根本上提高自身核心竞争力（王春蕾，2017）。对此，林宏（2015）提出企业应坚守实体，做强主业；崔艳（2017）建议企业要不断提高自身的研发能力，增加产品的科技含量，主要就体现在引导企业转变发展理念和发展模式方面。

10.1.2　政策制度的宏观环境层面

10.1.2.1　在政府审批方面

为缓解企业资金周转困难，政府应做到规范审批程序，同时政府的资金支持也是资金链危机处理的关键因素。Craig 等（2008）指出，在国外，SBA 担保贷款计划是许多政府资助的旨在促进小型企业缓解资金链的政策之一。政府应界定好"管"与"放"的关系和严格地控制资金的审批审核，利用财政资金的杠杆作用促进企业的循环流动，降低企业的税收负担（王顺安，2018）。刘淑春和林汉川（2017）鼓励加大政府应急周转金支持力度，采用适当的倾斜政策解决危机并且建立经济风险预警机制和应急计划。

10.1.2.2　在银行信贷方面

银行作为中小企业资金来源的主要渠道，在资金链中发挥着重要的作用，因此一定要做好信贷收入的本职工作。林宏（2015）通过研究指出，银行要增加信贷投入，约束其抽贷、压贷行为，同时提高长期贷款发放比重，降低企业融资成本和不确定因素。Kang 和 Choi（2008）建议应谨慎部署信贷担保，使其为实现政策目标做出最大贡献。马颖（2012）通过研究民间贷款危机提出要完善差别化监管政策；监管到位，同时也要对企业进行甄别。Arping 等（2010）根据过于慷慨的担保计划可能导致企业家滥用抵押，提出要有效甄别企业获得信贷的资质，加大对实体经济和小微企业的信贷力度。

10.2　担保链风险传染的防控对策

10.2.1　企业个体微观层面

10.2.1.1　在担保规模方面

针对担保网络规模逐步扩大，导致出现的过度担保现象严重的问题，不少研究指出企业要减少担保业务，谨慎对外担保。张乐才和杨宏翔（2013）从降低中心企业的中心性程度出发，提出要控制企业与其他企业进行直接担保的企业数量，并且控制担保网内的企业总体数量从而降低其风险传染能力。刘常飞和刘长雁（2015）指明了具体措施，提出企业要通过实行精细化管理、完善信息披露机制和内部控制制度，审慎对外提供担保。然而规范担保行为、控制企业过度负债起的是分散风险、转嫁风险的作用，根本在于企业要回归主业、回归实体，把实体做大做强，这是从根本上化解企业"两链"风险的重要举措（刘淑春和林汉川，2017）。

10.2.1.2　在担保信用方面

面对担保链危机，企业更应当加快树立诚信意识，不做"逃废债"者。

Calvo（2006）发现中小企业由于缺乏足够的财务信息和标准化的财务报表而遭受信贷配给的困扰，因此他建议要纠正中小企业财务报表失真问题，提高信息披露透明度。宋潞平和陈杰（2017）指出，企业应该提高财务透明度，以争取银行的信任和支持。在行业周期上行时可以加快速度、加大投资，树立全面的风险理念。将经营、负债、行业、意外风险或有负债风险纳入考量或者风险管理之中，提高风险理念（霍震涛和霍源源，2015）。

10.2.2　政府宏观层面对策建议

10.2.2.1　在融资环境方面

较为宽松的融资环境是政府减少企业发展震荡、促使其健康发展的主要途径。大多数发达经济体已经建立了由公共资金提供的担保计划，以帮助中小企业克服由于金融市场不完善而引起的融资困难（Zecchini 和 Ventura，2009）。霍震涛和霍源源（2015）发现在完善和丰富适合于各类企业的多种融资渠道的前提下，也要将民间融资纳入政府的监管之下。也有很多学者根据国内外形势提出建立担保基金的必要性。宋潞平和陈杰（2017）建议政府设立企业互保危机应对基金。许艳霞（2016）借鉴德国建立的一种市场稳定基金来进行危机时金融系统的紧急救援的思路，提出可以结合地方实际情况，从地方政府层面引入政府性担保基金。孙卫国（2013）提出通过政府担保或者反担保的形式鼓励社会中的金融机构为发生财务危机的企业融资，避免位于担保链中的企业发生资金链断裂现象。

10.2.2.2　在信用体系方面

信用体系设计是关系经济社会发展的全局性和战略性问题，也是从根上解决"担保链"问题的关键所在。侯明和曹轶群（2013）基于博弈模型分析认为"政府扶持，市场运作"是我国现阶段适宜采用的信用担保模式。吕劲松（2015）、孙国民（2019）都在研究中提出要健全信用体系模式，完善企业贷款信用评估工作，大力推动建立多层次资本市场体系，建立公平、公正、可信的外部信用评级制度。

10.2.3　银行宏观层面对策建议

10.2.3.1　在贷款管理方面

基于银行抽贷将增大担保链企业资金链断裂风险，并扩大银行风险传染的共识，很多学者都建议银行应避免无序抽贷。宋潞平和陈杰（2017）建议银行应降低优质企业的贷款利率，减少缩贷等行为，切忌在短时间内迅速抽贷。同时应以接近资金成本价贷款给企业的"让利"方式帮扶解困（孙国民，2019）。也有不少学者提出了具体的解决银行抽贷问题的方案。例如刘淑春和林汉川（2017）在研究中也发现及时规避企业出现担保链风险之一是稳步推进平移贷款。

10.2.3.2　在审批制度方面

对担保网络规模过大致使部分被担保企业风险暴露，最终导致资金链断裂的问题频发的问题，不仅需要企业自身减少担保业务、提高抵押担保比例，银行也需要有所行动。牛晓健和崔璨（2017）从企业负债总规模上进行控制方面提出银行要规范担保行为，完善担保审批制度。在贷款审查方面，各大银行应建立严格的企业贷款标准和责任人的追究制度，并对上规模的贷款企业内部管理规范情况、财务和税收情况具有真实审查义务（江衍妙和邵颂红，2014）。

第 11 章　结论与展望

目前，在我国经济下行压力较大的背景下，企业资金链与担保链交互叠加形成的"两链"风险有所增加且呈现非线性累积态势，而化解企业"两链"风险又难点重重，本章基于中国上市公司资金担保链统计与监测结果，系统梳理了现有学者在财务风险和传染风险防范上的相关研究，从企业个体微观角度以及宏观环境角度共同探索多元化风险防范化解机制，为建立我国企业资金担保链风险的长效防范机制提供一定建议与参考。

11.1　主要结论

11.1.1　在资金担保链的基本情况分析方面

"不谋全局者，不足以谋一域。"在前文中，我们围绕中国资金担保链的分布、风险形成机理、预警指标与模型，从现状、机理、方法三个角度研究中国资金担保链的基本情况。

就现状而言，我们发现资金担保链更多地分布在经济发展状况良好的地区和省份，这些地区和省份的资金担保链解散的数量也相对分布较多。在发展趋势方面，资金担保链正朝着更大规模、更大地理区域跨度发展，而且自2017年以来，这种趋势尤为明显。在企业性质方面，非国有企业、ST企业更有可能加入资金担保链。

就机理而言，我们发现资金担保链风险的影响因素包括网络结构特征风险、宏观经济环境风险、公司内部风险等方面。

就方法而言，我们提出资金担保链风险预警指标体系应包括网络结构指标、宏观环境指标、企业财务风险指标三个维度。SIR（SIRS）模型更适合资金担保链风险传染仿真研究，且在现实情况中，除公司之间互保的情况外，也存在由一家公司单向担保另外一家公司，形成一条有向的链条的情形。因此现有的 SIR（SIRS）风险传染模型对现实中资金担保链的风险传染问题解释十分有限，需要结合资金担保链的传染特性对模型进行修正。

11.1.2 在资金担保链的风险监测方面

"明者防祸于未萌，智者图患于将来。"在前文中，我们围绕资金担保链的财务特征、结构特征、重点对象等角度，从担保期限、担保金额、网络结构、核心企业、关键链路和典型个案等方面对资金担保链的风险进行了全面的监测分析。

就财务特征而言，我们分别从担保期限与担保金额两个方面对资金担保链的财务风险进行了监测分析。就担保金额和担保期限而言，我们发现对于担保企业和被担保企业而言，均表现出正常企业的担保年限和担保金额都要远大于 ST 企业；从担保企业来看，担保金额和担保期限一直呈现上升趋势。

从结构特征来看，资金担保链发展初期，加入网络的企业数量不多，网络效率较高，随着加入资金担保链的企业越来越多，网络效率有所下降，在2017 年后，网络效率回升；在全国范围内，资金担保链节点呈现幂律分布，资金担保链呈现无标度性。与国有企业相比，非国有企业更多的是被担保，而国有企业更多为其他企业担保，并且国有企业的度数更高，其在网络中的位置更加核心；与非 ST 企业相比，ST 企业更多的是被担保，而非 ST 企业更多为 ST 企业担保，并且非 ST 企业的度数更高，其在网络中的位置更加核心。

从重点对象来看，随着资金担保链的规模扩大化、地理区域跨度扩张化、拓扑结构复杂化，没有重点的全面监控不仅无法提高防控资金担保链系统性风险能力，反而会困于错综复杂的资金担保链迷雾之中。有效识别各资金担保链的核心企业和关键链路，就是抓住了资金担保链中的"王"，这对银行和政府以最低成本、最大效能地实现资金担保链的风险监测意义非凡。因此，我们分别设计了资金担保链的核心企业和关键链路的识别算法。进一步地，我们分别对核心企业和关键链路的上市情况、财务状况进行分析，并且对各地区的典型资金担保链的核心企业、关键链路、财务状况进行了分析。就核心企业而言，我们发现在核心企业的构成上，上市公司占据主要地位，非国有核心企业、非 ST 企业占据主要地位；在核心企业的财务状况方面，资金担保链核心企业的盈利能力有所增强，资产质量水平和补充财务指标基本保持平稳，债务风险水平和经营能力水平轻微下降；与非核心企业相比，资金担保链核心企业在资产利用方面表现较差，而盈利能力方面表现较好；与非核心企业相比，资金担保链核心企业债务风险较小，且在资产质量、经营能力方面表现较好，而在成本费用控制能力等方面表现较差。就关键链路而言，我们发现所有关键链路都有上市公司的参与，而且关键链路以半上市公司连接为主；小部分关键链路的担保金额巨大，担保期限较长，而大部分关键链路的担保金额和担保期限处于均值以下；资金担保链关键链路的担保金额规模越来越大，担保期限越来越长，这增加了关键链路断裂引起的系统性风险；少数网络的拓扑结构比较复杂，而多数资金担保链的拓扑结构较为简单。

11.1.3　在资金担保链的防范对策方面

"伐木不自其本，必复生；塞水不自其源，必复流。"在前文中，我们构建了基于有向网络拓扑结构的改进 SIRS 模型，再通过该改进后的模型对资金担保链风险传染进行仿真分析。通过设定政府、银行和企业的风险防控组合策略，进一步探究不同策略对风险传染的影响。研究结论有助于更好地模拟和预测我国资金担保链的风险传染机制，同时对政府、银行和企业加强风险监测、防控重大金融风险具有重要意义。

企业加强自身现金流管理，防范资金链风险是降低感染率是风险防控的关键，而政府救助策略救助效果的有效发挥依赖多方主体配合。首先，企业应适当提高现金持有水平，增强资产流动性，提高自身"造血"功能，特别是出度较大以及特征向量中心度较大的企业。担保圈中企业的出度越大，表明这些企业对外担保数量越多，这类企业被违约风险传染的可能性也越大。担保圈中企业的特征向量中心度越大，表明该企业连接了越多核心节点，这些核心节点更容易被违约风险感染，因此这类企业受到违约风险的影响也越大。此外，应加强对外担保的审批制度建设，避免盲目担保和超过自身风险承担能力的过度担保。其次，政府应建立担保圈的分类救助机制。对于那些入度较大的企业以及特征向量中心度大的企业，进行优先救助，提高救助的效率。担保圈中企业入度越大，表明越多的其他企业为其提供担保，如果该企业违约，风险传染的范围将更广。再次，银行应健全风险审查和信贷审批制度，积极配合政府的救助策略，实施分类信贷审批，而不应盲目缩短或延长企业贷款期限。最后，应积极推动三方合作，政府参与救助时，其他主体积极参与配合，才能最大限度地提高担保圈中违约风险防控的实施效果。

11.2　研究展望

资金担保链风险防范机制研究是一个复杂而艰巨的系统工程，受研究资料和研究时间的局限，对资金担保链风险问题的研究还有待进一步完善。结合现有成果，还可以从以下方面进行深入的研究和探讨：

第一，更加深入探索资金担保链风险的复杂性和演化性，将宏观因素、行业因素、企业因素、网络结构因素纳入资金担保链风险的演化机理中，并采用面板数据模型研究担保网络环境因素和担保网络财务因素等对资金链风险、担保链风险的影响，进行更加严密的理论探索。

第二，由于时间和篇幅限制，本书在进行资金担保链风险监测分析时，仅建立了风险传染仿真模型，尚未开发合理的风险动态监测模型。在以后的研究中可以根据严密数理推导和实证分析，建立资金担保链风险动态监测模型，确保风险防控的科学性和精准性。

第三，化解企业"两链"风险并不是要去挽救所有出现风险的企业，也不是盲目地让所有出现风险的企业破产重组。由于担保圈形成的模式不同，资金担保链条风险化解方式通常也存在差异。目前的研究相同之处在于提出要缓解融资并提高信贷水平，化解担保人与被担保人责任关系，甚至改变担保形式等。之后的研究可以更深入于企业的内部管理机制，根据内部影响因素之间的相互作用，提出更为具体的政策措施，探索政府与银行如何拓宽融资渠道、健全监管信贷方面及时对各类资金担保链风险化解机制进行优化改进，以实现共赢。

参考文献

［1］Acemoglu D，Ozdaglar A E，Tahbaz-Salehi A. Systemic Risk and Stability in Financial Networks［J］. American Economic Review，2015（02）：564-608.

［2］Acharya V V，Yorulmazer T U. Too Many to Fail - An Analysis of Time-inconsistency in Bank Closure Policies［J］. Journal of Financial Intermediation，2007，16（01）：1-31.

［3］Allen F，Babus A，Carletti E.Asset Commonality，Debt Maturity and Systemic Risk［J］. Journal of Financial Economics，2012，104（03）：519-534.

［4］Allen F，Carletti E. What Is Systemic Risk?［J］. Journal of Money，Credit and Banking，2013，45（s1）：121-127.

［5］Allen F，Gale D. Financial Contagion［J］. Journal of Political Economy，2000，108（01）：1-33.

［6］Amit R，Livnat J. Diversification and the Risk-return Trade-off［J］. Academy of Management Journal，1988，31（01）：154-166.

［7］Angelini P. An Analysis of Competitive Externalities in Gross Settlement Systems［J］.Banking and Finance，1998（01）：99-128.

［8］Arping S，Lóránth G，Morrison A D. Public Initiatives to Support Entrepreneurs：Credit Guarantees Versus Co-funding［J］. Journal of Financial Stability，2010，6（01）：26-35.

［9］Balakrishnan R，Danninger S，Elekdag S，Tytell I. The Transmission of Financial Stress from Advanced to Emerging Economies［J］. Emerging Markets Finance & Trade，2011（06）：40-68.

［10］Banal-Estañol A，Ottaviani M，Winton A. The Flip Side of Financial

Synergies: Coinsurance Versus Risk Contamination [J]. Review of Financial Studies, 2013, 26 (12): 3142-3181.

[11] Barabasi A L, Albert R. Emergence of Scaling in Random Networks [J].Science, 1999, 286 (5439): 509-512.

[12] Barro D, Basso A. Credit Contagion in A Network of Firms with Spatial Interaction [J]. European Journal of Operational Research, 2010, 205 (02): 459-468.

[13] Beaver K, Hollingworth W, McDonald R, et al. Economic Evaluation of A Randomized Clinical Trial of Hospital Versus Telephone Follow-up After Treatment for Breast Cancer [J]. British Journal of Surgery, 2009, 96 (12): 1406-1415.

[14] Boss M, Elsinger H, Summer M, et al. Network Topology of the Interbank Market [J]. Qantitative Finance, 2004, 4 (06): 677-684.

[15] Brusco S, Castiglionesi F. Liquidity Coinsurance, Moral Hazard, and Financial Contagion [J]. The Journal of Finance, 2007, 62 (05): 2275-2302.

[16] Bussiere M, Fratzscher M. Towards A New Early Warning System of Financial Crises [C]. Elsevier Ltd. , 2006.

[17] Calvo J L. Testing Gibrat's Law for Small, Young and Innovating Firms [J]. Small Business Economics, 2006, 26 (02): 117-123.

[18] Carlson J M, Doyle J. Highly Optimized Tolerance: Robustness and Power Laws in Complex Systems [J]. Physical Review Letters, 1998, 84 (11): 2529-2532.

[19] Chen S, Chen X, Cheng Q, et al. Are Family Firms More Tax Aggressive than Non-family Firms? [J]. Journal of Financial Economics, 2010, 95 (01): 41-61.

[20] Chen F, O K Hope Q Li, X Wang. Financial Reporting Quality and Investment Efficiency of Private Firms in Emerging Markets [J]. Accounting Review, 2011, 86 (04): 1255-1288.

[21] Chen S, Z Sun S Tang , D Wu. Government Intervention and Investment Efficiency: Evidence from China [J].Journal of Corporate Finance, 2011, 17 (02): 259-271.

[22] Cont R, Moussa A, Santos E B E. Network Structure and Systemic

Risk in Banking Systems [J] . Social Science Electronic Publishing, 2013 (07): 327–268.

[23] Cook D O, Spellman L J. Firm and Guarantor Risk, Risk Contagion, and the Interfirm Spread among Insured Deposits [J] .Journal of Financial & Quantitative Analysis, 1996, 31 (02): 265–281.

[24] Craig B R, Jackson W E , Thomson J B. Credit Market Failure Intervention: Do Government Sponsored Small Business Credit Programs Enrich Poorer Areas? [J] . Small Business Economics, 2008, 30 (04): 345–360.

[25] Cusmano L.The Role of Credit Guarantee Schemes and Mutual Guarantee Societies in Supporting Finance for Small and Medium–sized Enterprises [J] .SME and Entrepreneurship Financing OECD, 2013, 27 (01): 28–89.

[26]Desai M A, D Dharmapala. Corporate Tax Avoidance and Firm Value [J]. The Review of Economics and Statistics, 2009, 91 (03): 537–546.

[27] Diamond D W, Dybvig P H. Bank Runs, Desposit Insurance, and Liquidity [J] . Journal of Political Economy, 1983, 91 (03): 401–419.

[28] Douglas O. Cook and Lewis J. Spellman. Firm and Guarantor Risk, Risk Contagion, and the Interfirm Spread among Insured Deposits [J] . Journal of Financial & Quantitative Analysis, 1994, 31 (02): 265–281.

[29] Dyreng D S, M Hanlon , E LMaydew. Long–Run Corporate Tax Avoidance [J] . The Accounting Review, 2008, 83 (01): 61–82.

[30] Eggemann N , Noble S D. The Clustering Coefficient of A Scale–free Random Graph[J] . Discrete Applied Mathematics, 2009, 159 (10): 953–965.

[31] Elliott M, Benjamin G, Jackson M O. Financial Networks and Contagion [J] . Social Science Electronic Publishing, 2012, 104 (10): 3115–3153.

[32] Garas A, Argyrakis P, Rozenblat C, et al. Worldwide Spreading of Economic Crisis [J] . New Journal of Physics, 2010, 12 (02): 185–188.

[33] Gietzen T. The Exposure of Microfinance Institutions to Financial Risk [J] . Review of Development Finance, 2017, 7 (02): 120–133.

[34] Goh K I, Oh E, Kahng B, Kim D. Betweenness Centrality Correlation in Social Networks [J] . Physical Review E, 2003, 67 (01): 164–170.

[35] Gu Y, Sun J. A Local–world Node Deleting Evolving Network Model [J] . Physics Letters A, 2008, 372 (25): 4564–4568.

［36］Hanlon M，Heitzman S. A Review of Tax Research［J］. Journal of Accounting and Economics，2011，50（2-3）：127-178.

［37］Honohan P. Partial Credit Guarantees：Principles and Practice［J］. Journal of Financial Stability，2010，6（01）：0-9.

［38］Iori G，Masi G D，Precup O V，et al. A Network Analysis of the Italian Overnight Money Market［J］. Journal of Economic Dynamics and Control，2008，32（01）：259-278.

［39］Jian M，Xu M. Determinants of the Guarantee Circles：The Case of Chinese Listed Firms［J］. Pacific-Basin Finance Journal，2012，20（01）：78-100.

［40］Jiang G，Lee C M C，Heng Y. Tunneling through Intercorporate Loans：The China Experience［J］. Journal of Financial Economics，2010，98（01）：1-20.

［41］Johnson S，Porta R L，Silanes F L D，Shleifer A. Tunneling［J］. American Economic Review，2000，90（02）：22-27.

［42］Jorion P，Zhang G. Credit Contagion from Counterparty Risk［J］. The Journal of Finance，2009，64（05）：2053-2087.

［43］Kang J W，Choi H G G. Effect of Credit Guarantee Policy on Survival and Performance of SMEs in Republic of Korea［J］. Small Business Economics，2008，31（04）：445-462.

［44］Katz A W. An Economic Analysis of the Guaranty Contract［J］. The University of Chicago Law Review，1999，66（01）：47-116.

［45］Kaufman G G. Bank Contagion：A Review of the Theory and Evidence［J］. Journal of Financial Services Research，1994，8（02）：123-150.

［46］Kitsak M，Gallos L K，Havlin S，Liljeros F，Muchnik L，Stanley H. Identifying Influential Spreaders in Complex Networks［J］. Nature Physics，2010，6（11）：888-893.

［47］Komulainen T，Lukkarila J. What Drives Financial Crises in Emerging Markets?［J］. Emerging Markets Review，2003（04）：248-272.

［48］Kroszner R S，Laeven L，Klingebiel D. Banking Crises，Financial Dependence，and Growth［J］. Cepr Discussion Papers，2006，84（01）：187-228.

［49］Lall S，Cardarelli R，Elekdag S. Financial Stress，Downturns，and

Recoveries [J]. IMF Working Papers, 2009, 9 (100): 25-29.

[50] Lang L H P, Stulz R M. Contagion and Competitive Intra-industry Effects of Bankruptcy Announcements: An Empirical Analysis [J]. Journal of Financial Economics, 1992, 32 (01): 45-60.

[51] Lang L, Ofek E, Stulz R. Leverage, Investment, and Firm Growth [J]. Journal of Financial Economics, 1996, 40 (01): 3-29.

[52] Leng A, Xing G, Fan W. Credit Risk Transfer in SME Loan Guarantee Networks [J].Journal of Systems Science & Complexity, 2017, 30 (05): 1084-1096.

[53] Li W, Ben S, Hommel U, Paterlini S, Yu J.Default Contagion and Systemic Risk in Loan Guarantee Networks [J].Account & Finance, 2019 (59): 1923-1946.

[54] Li S W, Wen S H. Multiplex Networks of the Guarantee Market: Evidence from China[J].Complexity, 2017 (07): 1-7.

[55] Mark K, Clifford T. A Test of Stulz's Over Investment Hypothesis [J]. Financial Review, 1995, 30 (03): 387-398.

[56] Menkhoff L, Neuberger D, Rungruxsirivorn O. Collateral and Its Substitutes in Emerging Markets' Lending [J]. Journal of Banking & Finance, 2012, 36 (03): 817-834.

[57] Menkhoff L, Schmidt U, Brozynski T. The Impact of Experience on Risk Taking, Overconfidence, and Herding of Fund Managers: Complementary Survey Evidence [J]. European Economic Review, 2006, 50 (07): 1753-1766.

[58] Nier E, Yang J, Yorulmazer T, Alentorn A. Network Models and Financial Stability [J].Journal of Economic Dynamics & Control, 2007, 31(06): 2033-2060.

[59] Ohnishi T, H Takayasu, M Takayasu. Network Motifs in An Inter-firm Network [J]. Journal of Economic Interaction and Coordination, 2010, 5 (02): 171-180.

[60] Paltalidis N, Gounopoulos D, Kizys R, Koutelidakis Y. Transmission Channels of Systemic Risk and Contagion in the European Financial Network [J]. Journal of Banking & Finance, 2015 (61): S36-S52.

［61］Richardson S. Over-investment of Free Cash Flow［J］. Review of Accounting Studies, 2006, 11（2-3）: 159-189.

［62］Ronald J M. The Role of Secured Credit in Small-Business Lending［J］. Social Science Electronic Publishing, 1997, 86（01）: 1-44.

［63］Sabidussi G. The Centrality Index of A Graph［J］. Psychometrika, 1966, 31（04）: 581-603.

［64］Song C, Jalvin S, Makse H A. Self-similarity of Complex Networks［J］. Nature, 2005（433）: 392-395.

［65］Upper C, Worms A. Estimating Bilateral Exposures in the German Interbank Market: Is There a Danger of Contagion?［J］.European Economic Review, 2004（48）: 827-849.

［66］Vivier-Lirimonty S. Contangion in Interbank Debt Networks［J］. Giornale Italiano Di Cardiologia, 2012（02）: 36-40.

［67］Wattts D J, Strogatz S H. Collective Dynamics of "Small-world" Networks［J］.Nature, 1998, 393（6684）: 440-442.

［68］Xuan Q, Li Y, Wu T J. A Local-World Network Model Based on Inter-node Correlation Degree［J］.Physical A, 2007（378）: 561-572.

［69］Zecchini S, Ventura M. The Impact of Public Guarantees on Credit to SMEs［J］.Small Business Economics, 2009, 32（02）: 191-206.

［70］Zimmerman I. L. Taxes and Firm Size［J］. Journal of Accounting and Economics, 1983（5）: 119-149.

［71］鲍勤, 孙艳霞.网络视角下的金融结构与金融风险传染［J］.系统工程理论与实践, 2014, 34（09）: 2202-2211.

［72］曹宏杰.担保公司风险预警管理研究［D］.武汉: 武汉理工大学, 2010.

［73］曹廷求, 刘海明.信用担保网络的负面效应: 传导机制与制度诱因［J］.金融研究, 2016（01）: 145-159.

［74］陈虹, 金鑫.信用担保机构风险预警模型研究［J］.武汉理工大学学报（信息与管理工程版）, 2009, 31（06）: 1005-1007.

［75］陈慧香.基于财务的企业担保风险预警模式探讨［J］.会计之友, 2011（07）: 66-68.

［76］陈秋玲, 薛玉春, 肖璐.金融风险预警: 评价指标、预警机制与实

证研究［J］.上海大学学报（社会科学版），2009，16（05）：127–144.

［77］陈少炜，李旸.我国银行体系的网络结构特征——基于复杂网络的实证分析［J］.经济问题，2016（08）：56–63.

［78］陈守东，马辉，穆春舟.中国金融风险预警的 MS–VAR 模型与区制状态研究［J］.吉林大学社会科学学报，2009，49（01）：110–119+160.

［79］陈耸.信贷互保困境下的社会信任重构［J］.管理世界，2015(01)：169–170.

［80］陈伟，魏轩，李金秋，冯志军.上市公司社会网络位置与研发效率研究——基于三阶段 DEA 模型的方法［J］.管理评论，2020，32（03）：97–109.

［81］陈运森，谢德仁.网络位置、独立董事治理与投资效率［J］.管理世界，2011（07）：113–127.

［82］崔蓓，王玉霞，供应链担保圈风险传染机制研究［J］.软科学，2017（06）：134–138.

［83］崔艳.资金链断裂的成因及解决方案［J］.财会学习，2017（17）：184–185.

［84］代彬，彭程.高管控制权、资本扩张与企业财务风险——来自国有上市公司的经验证据［J］.经济与管理研究，2012（05）：20–30.

［85］邓超，陈学军.基于复杂网络的金融传染风险模型研究［J］.中国管理科学，2014，22（11）：11–18.

［86］邓可斌，曾海舰.中国企业的融资约束：特征现象与成因检验［J］.经济研究，2014（02）：47–60.

［87］丁丁.企业资金链的风险防范［J］.今日财富（金融发展与监管），2011（12）：1+4.

［88］杜权，郑炳蔚.对当前浙江企业担保链问题的思考［J］.浙江金融，2010（06）：20–21.

［89］方意，郑子文.系统性风险在银行间的传染路径研究——基于持有共同资产网络模型［J］.国际金融研究，2016（06）：61–72.

［90］高国华，潘英丽.基于资产负债表关联的银行系统性风险研究［J］.管理工程学报，2012，26（04）：162–168.

［91］谷慎，汪淑娟.基于 SVM 的碳金融风险预警模型研究［J］.华东经济管理，2019，33（03）：179–184.

［92］顾海峰.基于信号函数的金融担保风险预警指标及模型研究［J］.

中国管理科学，2014，22（S1）：267-271.

［93］侯桂玲.财务分析视角下公司资金链风险问题研究［J］.纳税，2019，13（29）：199.

［94］侯明，曹轶群.中小企业信用担保体系的构建——基于浙江担保链风险的再思考［J］.浙江金融，2013（09）：67-70.

［95］胡昱翀.企业资金链风险管理探讨——基于新一佳超市破产案例的分析［J］.财政监督，2018（03）：86-90.

［96］胡志浩，李晓花.复杂金融网络中的风险传染与救助策略——基于中国金融无标度网络上的SIRS模型［J］.财贸经济，2017，38（04）：101-114.

［97］黄俊，陈信元，张天舒.公司经营绩效传染效应的研究［J］.管理世界，2013（03）：117-124.

［98］惠宝锋，葛志远，王咏宁.上证A股市场的复杂网络特性研究［J］.软件工程，2018，21（06）：11-13+7.

［99］霍震涛，霍源源.银行授信担保链（圈）风险分析和应对措施［J］.金融理论与实践，2015（05）：112-116.

［100］吉艳冰，王伟，赵亚伟.基于复杂网络理论的担保网络研究［J］.复杂系统与复杂性科学，2014，11（02）：17-23.

［101］季伟伟，陈志斌，赵燕.货币政策与企业财务风险变化［J］.上海经济研究，2014（05）：27-37.

［102］冀新华.担保企业业务财务风险预警指标设置探析［J］.纳税，2019，13（30）：115-116.

［103］贾彦东.金融机构的系统重要性分析——金融网络中的系统风险衡量与成本分担［J］.金融研究，2011（10）：17-33.

［104］江衍妙，邵颂红.中小企业信贷担保链风险防范与化解的对策研究——以温州市中小企业的实地调研为例［J］.浙江金融，2014（05）：68-71.

［105］姜军，江轩宇，伊志宏.企业创新效率研究——来自股权质押的影响［J］.金融研究，2020（02）：128-146.

［106］李岸，粟亚亚，乔海曙.中国股票市场国际联动性研究——基于网络分析方法［J］.数量经济技术经济研究，2016，33（08）：113-127.

［107］李光正，史定华.复杂网络上SIRS类疾病传播行为分析［J］.自

然科学进展，2006（04）：508-512.

［108］李金凯.担保网络如何影响企业绩效——基于融资约束和利益输送双重视角的研究［J］.山西财经大学学报，2018，40（02）：112-124.

［109］李梦雨.中国金融风险预警系统的构建研究——基于K-均值聚类算法和BP神经网络［J］.中央财经大学学报，2012（10）：25-30.

［110］李明明，刘海明.上市公司担保圈现象的形成机理——基于企业间关系视角的研究［J］.证券市场导报，2018（01）：21-29.

［111］李守伟，文世航，王磊.基于多层网络视角的企业担保结构研究［J］.复杂系统与复杂性科学，2018，15（04）：10-16+49.

［112］李蔚，万迪昉，袁林洁.中小企业信用担保机构综合风险预警系统研究［J］.科研管理，2007（02）：118-123.

［113］李永奎，周一懋，周宗放.基于不完全免疫情景下企业间关联信用风险传染及其仿真［J］.中国管理科学，2017，25（01）：57-64.

［114］李智，牛晓健.基于内生网络的银行间传染风险特征［J］.北京理工大学学报（社会科学版），2017，19（02）：67-71+102.

［115］梁娜，姚长青，高影繁.基于DEA方法的环保行业上市企业创新效率评价［J］.科技管理研究，2019，39（05）：45-50.

［116］梁斯，郭红玉.货币政策、商业银行杠杆与系统性金融风险［J］.学术论坛，2017（08）：92-99.

［117］林宏.防范和化解企业资金链风险［J］.浙江经济，2015（22）：48-49.

［118］林青宁，毛世平.中国高新技术企业研发效率及影响因素研究［J］.经济经纬，2018，35（2）：99-106.

［119］林筱文，宋保庆.我国金融风险预警实证分析［J］.福州大学学报（哲学社会科学版），2011，25（04）：43-50.

［120］林宇，黄迅，淳伟德，黄登仕.基于ODR-ADASYN-SVM的极端金融风险预警研究［J］.管理科学学报，2016，19（05）：87-101.

［121］刘斌，李曙光.企业间互保、联保贷款模式困局及其解决——以浙江企业"互保链"危机为例［J］.法律适用，2014（07）：96-100.

［122］刘常飞，刘长雁.谨防联保风险异化［J］.中国金融，2015（15）：101.

［123］刘海明，曹廷求.基于微观主体内生互动视角的货币政策效应研究——来自上市公司担保圈的证据［J］.经济研究，2016，51（05）：

159–171.

［124］刘海明，王哲伟，曹廷求.担保网络传染效应的实证研究［J］.管理世界，2016（04）：81–96+188.

［125］刘海明.信用担保网络的经济效应分析［D］.济南：山东大学，2016.

［126］刘会军.大型建筑企业资金链风险分析及对策探讨［J］.国际商务财会，2014（11）：18–21.

［127］刘慧龙，王成方，吴联生.决策权配置、盈余管理与投资效率［J］.经济研究，2014，49（08）：93–106.

［128］刘君，乔建忠.复杂网络中k–核与网络聚集系数的关联性研究［J］.通信学报，2015，36（01）：228–233.

［129］刘淑春，林汉川.化解企业资金链与担保链风险的难点与对策建议［J］.经济纵横，2017（04）：120–125.

［130］刘小年，郑仁满.公司业绩、资本结构与对外信用担保［J］.金融研究，2005（04）：155–164.

［131］刘行，叶康涛.企业的避税活动会影响投资效率吗？［J］.会计研究，2013（06）：47–53+96.

［132］楼文高，乔龙.基于神经网络的金融风险预警模型及其实证研究［J］.金融论坛，2011，16（11）：52–61.

［133］罗党论，唐清泉.政府控制、银企关系与企业担保行为研究——来自中国上市公司的经验证据［J］.金融研究，2007（03）：151–161.

［134］罗刚，赵亚伟，王泳.基于复杂网络理论的担保网络风险传播模式［J］.中国科学院大学学报，2015，32（06）：836–842.

［135］罗时空，龚六堂.企业融资行为具有经济周期性吗——来自中国上市公司的经验证据［J］.南开管理评论，2014，17（02）：74–83.

［136］吕江林，郑丽莎，童婵.后金融危机背景下商业银行担保圈风险管控策略探析［J］.武汉金融，2010（08）：8–12.

［137］吕江林，赖娟.我国金融系统性风险预警指标体系的构建与应用［J］.江西财经大学学报，2011（02）：5–11.

［138］吕劲松.担保链贷款风险分析［J］.中国金融，2015（12）：23–25.

［139］马爱娜，黄樟灿.基于无标度网络的考虑远程感染的SIRS模型

［J］．地理与地理信息科学，2010，26（02）：111-112.

［140］马广奇，张芹，邢战雷．乐视资金链断裂：企业财务危机的案例分析［J］．经济与管理，2017（08）：88-92.

［141］马君潞，范小云，曹元涛．中国银行间市场双边传染的风险估测及其系统性特征分析［J］．经济研究，2007（01）：68-78+142.

［142］马骏．中国股票市场复杂网络性质的动态研究［D］．上海：上海交通大学，2015.

［143］马亚军，冯根福．上市公司担保行为分析［J］．证券市场导报，2005（05）：58-64.

［144］马毅，左小明，李迟芳．高新技术中小企业知识产权集群互助担保融资研究——基于集群创新网络与融资创新视角［J］．金融理论与实践，2016（03）：49-54.

［145］马颖．浅析中小企业资金链断裂成因及其防范对策——以浙江温州中小企业为例［J］．中国证券期货，2012（03）：88.

［146］马源源，庄新田，李凌轩．股市中危机传播的 SIR 模型及其仿真［J］．管理科学学报，2013，16（07）：80-94.

［147］聂高辉，邱洋冬．非正规金融研究述评［J］．南方金融，2017（04）：25-32.

［148］牛晓健，崔璨．中国企业担保圈风险传导机制研究——以"河北担保圈"为例［J］．盐城工学院学报（社会科学版），2017，30（03）：24-32+64.

［149］曲晓艺．浅谈企业集团资金链风险管控优化［J］．会计师，2019（13）：30-31.

［150］饶勋乾．基于压力指数的金融风险预警指标体系构建［J］．统计与决策，2015（07）：20-22.

［151］任彦峰．中小企业信用担保机构风险预警管理研究［D］．泰安：山东农业大学，2012.

［152］邵慰，刘敏．僵尸企业的传染效应及作用机理［J］．中国科技论坛，2019（08）：60-66+131.

［153］沈沛龙，李志楠，王晓婷．基于银行同业网络与资产重叠的金融风险传染研究［J］．金融论坛，2019（01）：12-25.

［154］沈悦，王宝龙，李巍军．人民币国际化进程中的金融风险识别及

预警研究［J］.西安交通大学学报（社会科学版），2019，39（05）：39-48.

［155］盛丹，王永进."企业间关系"是否会缓解企业的融资约束［J］.世界经济，2014（10）：104-122.

［156］师家升，起建凌.中国金融风险预警指数的构建［J］.技术经济与管理研究，2019（04）：89-94.

［157］施春荣.金融抑制、民营企业担保链风险及金融深化——金融危机背景下绍兴民营企业遭遇分析［J］.金融经济，2009（18）：36-37.

［158］宋凯.股票市场网络熵及影响因素研究［D］.南京：东南大学，2018.

［159］宋凌峰，刘志龙.价值链网络、企业异质性与产业信用风险传染——基于中国光伏产业的研究［J］.财贸研究，2019，30（06）：14-23+73.

［160］宋潞平，陈杰.担保融资机制的风险防控与优化设计研究——基于最佳担保链社会关系网络结构角度的分析［J］.价格理论与实践，2017（07）：117-120.

［161］孙国民.金融担保链问题的辩证分析及风险化解机制［J］.现代经济探讨，2019（07）：59-64.

［162］孙卫国.浅析企业担保链风险的防范和化解［J］.金融经济，2013（24）：44-46.

［163］孙霄霓.基于偏相关有向网络的股票市场拓扑结构及稳定性研究［D］.长沙：湖南大学，2018.

［164］陶少华，刘玉华，许凯华，贾永灿.基于容量维数的复杂网络自相似性研究［J］.计算机工程，2008（02）：175-177.

［165］田立新，贺莹环，黄益.一种新型二分网络类局域世界演化模型［J］.物理学报，2012，61（22）：558-564.

［166］万良勇，魏明海.金融生态、利益输送与信贷资源配置效率——基于河北担保圈的案例研究［J］.管理世界，2009（05）：6-16.

［167］万阳松.银行间市场风险传染机制与免疫策略研究［D］.上海：上海交通大学，2007.

［168］王超，何建敏，马静.基于共同持有资产的银行间接关联网络研究［J］.中国管理科学，2019，27（11）：23-30.

［169］王春蕾.企业"资金链"断裂防范措施［J］.中国集体经济，

2017（31）：56-57.

[170] 王桂虎，郭金虎.宏观杠杆率、结构性扭曲与系统性金融风险——基于跨国面板数据的经验研究 [J].证券市场导报，2018（12）：25-31.

[171] 王红霞.防范企业资金链断裂探析 [J].现代商贸工业，2011，23（11）：156.

[172] 王江涛，杨建梅.复杂网络的分形研究方法研究 [J].复杂系统与复杂性科学，2013，10（04）：1-7.

[173] 王鹏，黄迅.基于 Twin-SVM 的多分形金融市场风险的智能预警研究 [J].统计研究，2018，35（02）：3-13.

[174] 王顺安.浅析民营中小企业资金链风险的防范 [J].现代经济信息，2018（12）：79.

[175] 王维安，吕佳敏，俞洁芳，顾月.温州企业担保网络与风险演化研究——基于网络分析法 [J].浙江金融，2019（03）：62-69.

[176] 王伟，戴菊贵，胡俊霞.民间借贷向商业银行的风险传导：途径分析与防范建议 [J].南方金融，2017（07）：27-34.

[177] 王新红，李拴拴.基于数据包络分析的创新型企业技术创新效率测度研究 [J].科技管理研究，2020，40（08）：59-64.

[178] 王永钦，米晋宏，袁志刚，周群力.担保网络如何影响信贷市场——来自中国的证据 [J].金融研究，2014（10）：116-132.

[179] 王玉红，郎文颖.以管窥豹——由资金链断裂看尚德破产重组 [J].财务与会计，2013（07）：15-17.

[180] 文学舟，张海燕，蒋海芸.小微企业融资中银企信任机制的形成及演化研究——基于信用担保介入的视角 [J].经济体制改革，2019（03）：143-150.

[181] 吴宝，李正卫，池仁勇.社会资本、融资结网与企业间风险传染——浙江案例研究 [J].社会学研究，2011（03）：84-105+244.

[182] 吴念鲁，徐丽丽，苗海宾.我国银行同业之间流动性风险传染研究——基于复杂网络理论分析视角 [J].国际金融研究，2017（07）：34-43.

[183] 吴田，胡海青，张丹，刘鑫.基于复杂网络的交叉性金融业务风险传染仿真 [J].系统工程，2018，36（01）：22-30.

[184] 吴田.基于风险信号灯等级设定的金融风险预警研究 [J].统计

与决策，2015（08）：153-156.

［185］奚尊夏.企业互保融资的顺周期效应［J］.上海金融，2013（12）：33-36.

［186］谢圣远，谢俊明.系统性金融风险的成因及防范：币值波动视角［J］.经济纵横，2019（09）：114-120.

［187］辛清泉，郑国坚，杨德明.企业集团、政府控制与投资效率［J］.金融研究，2007（10）：123-142.

［188］邢春娜.基于复杂网络构建的系统重要性银行评估研究［J］.金融发展研究，2019（01）：19-25.

［189］徐攀，于雪.中小企业集群互助担保融资风险传染模型应用研究［J］.会计研究，2018（01）：82-88.

［190］许丹，李翔，陈关荣.局域世界复杂网络中的病毒传播及免疫控制［J］.控制与决策，2006，21（07）：817-820.

［191］许菁.我国金融风险预警模型的构建与实证检验［J］.经济问题，2013（04）：48-50.

［192］许艳霞.逆周期银政企信用关系构建问题研究——基于市场失灵、政府失灵和差别准备金动态调整机制视角［J］.征信，2016，34（05）：72-78.

［193］薛爽，王鹏.影响上市公司业绩的内部因素分析［J］.会计研究，2004（03）：78-87.

［194］闫雪.上市公司非正常担保问题的实证研究［J］.金融发展研究，2014（08）：12-17.

［195］杨俊龙，孙韦.基于宏观审慎视角的系统性金融风险预警研究［J］.中州学刊，2014（02）：35-39.

［196］杨珉，张家玥，张达敏.复杂网络拓扑结构的网络模型研究综述［J］.通信技术，2014，47（12）：1354-1359.

［197］杨松令，王志华，赵加良.控股股东社会资本能否提升企业创新效率——基于高管激励中介作用的视角［J］.河南社会科学，2019，27（06）：60-66.

［198］杨雪莱，许传华.中国金融风险预警指标的最优阈值及预测绩效分析［J］.广东金融学院学报，2012，27（02）：121-128.

［199］杨毓.企业资金链断裂成因分析及对策建议［J］.河北金融，

2009（01）：18-21.

［200］姚登宝.基于银行间网络的流动性风险传染机制研究［J］.安徽大学学报（哲学社会科学版），2017（04）：130-137.

［201］叶康涛，刘行.公司避税活动与内部代理成本［J］.金融研究，2014（09）：158-176.

［202］叶康涛.盈余管理与所得税支付：基于会计利润与应税所得之间差异的研究［J］.中国会计评论，2006（02）：205-223.

［203］尹靖华，曾兴，何敏.我国信用担保行业风险预警机制构建研究［J］.金融理论与实践，2010（07）：72-76.

［204］余海林，庄亚明.具有无标度特性的群体性突发事件信息传播网络模型及仿真［J］.情报科学，2015，33（11）：90-94.

［205］袁洋，许国艺.企业对外担保内部控制风险预警模型研究［J］.财会月刊，2014（02）：3-6.

［206］张安军.国家金融安全动态预警比较分析（1992~2011年）［J］.世界经济研究，2015（04）：3-12+127.

［207］张光荣，曾勇.大股东的支撑行为与隧道行为——基于托普软件的案例研究［J］.管理世界，2006（08）：126-135+172.

［208］张俊民，李会云，宋婕.关联担保与公司债务融资成本分析——基于信息风险和债务代理风险的机制检验［J］.商业研究，2018（12）：75-80.

［209］张来军，杨治辉，路飞飞.基于复杂网络理论的股票指标关联性实证分析［J］.中国管理科学，2014，22（12）：85-92.

［210］张乐才，刘尚希.银行与企业资金担保链：抽贷门槛与风险传染［J］.当代财经，2013（07）：55-66.

［211］张乐才，杨宏翔.企业资金担保链的联接特征与风险传染——基于无尺度网络理论的视角［J］.江淮论坛，2013（04）：58-65.

［212］张乐才.企业资金担保链：风险消释、风险传染与风险共享［J］.经济理论与经济管理，2011（10）：57-65.

［213］张水锋，张金池，庄家尧，王新猛，张思玉.长三角小流域AnnAGNPS模型参数敏感性及适用性评价［J］.南京林业大学学报（自然科学版），2021，45（03）：183-192.

［214］张嗣瀛.复杂系统、复杂网络自相似结构的涌现规律［J］.复杂

系统与复杂性科学，2006（04）：41-51.

[215] 张龑，程六兵，王竹泉.担保网络、经济周期与企业风险承担——基于我国上市公司的经验证据 [J].山西财经大学学报，2019，41（12）：62-79.

[216] 张轶，钱晓东.基于复杂网络的供应链建模及仿真研究 [J].科技管理研究，2014，34（22）：183-186.

[217] 张玉兰，翟慧君，景思婷，牛爽.R&D投入、融资约束与企业投资效率——基于中国制造业上市公司的经验数据 [J].会计之友，2019（16）：78-84.

[218] 张泽旭，李鹏翔，郭菊娥.担保链危机的传染机制 [J].系统工程，2012，30（04）：25-31.

[219] 张敏，童丽静，许浩然.社会网络与企业风险承担——基于我国上市公司的经验证据 [J].管理世界，2015（11）：161-175.

[220] 赵丹丹，丁建臣.中国银行业系统性风险预警研究——基于SVM模型的建模分析 [J].国际商务（对外经济贸易大学学报），2019（04）：100-113.

[221] 郑国坚，林东杰，张飞达.大股东财务困境、掏空与公司治理的有效性——来自大股东财务数据的证据 [J].管理世界，2013（05）：157-168.

[222] 郑爽乐.资金链风险对企业的影响和对策 [J].时代金融，2016（14）：105+107.

[223] 周皓，陈湘鹏，王远.A股市场的异质波动率之谜是否已被充分解释？[J].投资研究，2018（05）：142-160.

[224] 周宏，李远远，官冰.中国国际金融风险预警的理论问题研究 [J].统计研究，2012，29（01）：49-54.

[225] 周建华.网络关系嵌入、区域制度环境与技术创新 [J].现代财经（天津财经大学学报），2016（04）：65-76.

[226] 周涛，张子柯，陈关荣，汪小帆，史定华，狄增如，樊瑛，方锦清，韩筱璞，刘建国，刘润然，刘宗华，陆君安，吕金虎，吕琳媛，荣智海，汪秉宏，许小可，章忠志.复杂网络研究的机遇与挑战 [J].电子科技大学学报，2014，43（01）：1-5.

[227] 朱大智，吴俊，谭跃进等.度秩函数：一个新的复杂网络统计特

征［J］.复杂系统与复杂性科学，2006，3（04）：28–34.

　　［228］朱德胜，周晓珮.股权制衡、高管持股与企业创新效率［J］.南开管理评论，2016，19（03）：136–144.

　　［229］邹婷.商业银行信用风险传染研究［D］.武汉：华中师范大学，2019.

　　［230］曾志坚，吴汪洋.贸易渠道视角下的金融危机传染研究：基于复杂网络与SIRS模型［J］.湖南大学学报（社会科学版），2018，32（03）：87–93.